AF298340

ÉCHOS

DE

LA NAVARRE.

QUELQUES SOUVENIRS

D'UN OFFICIER DE CHARLES V,

Par le baron H. Du Casse.

PARIS,

LYON,

MAISON, LIBRAIRE,

A LA LIBRAIRIE INDUSTRIELLE

successeur de M. AUDIN,

de CHAMBET aîné,

Quai des Augustins, 29.

Quai des Célestins, 50.

1840.

ÉCHOS DE LA NAVARRE.

Se trouve aussi à Lyon,

A LA LIBRAIRIE INDUSTRIELLE DE CHAMBET AINÉ,

Quai des Célestins, 5o.

Lyon. — Imprimerie de Louis PERRIN.

ÉCHOS
DE LA NAVARRE.

QUELQUES SOUVENIRS

D'UN OFFICIER DE CHARLES V,

Par le baron G. Du Casse.

PARIS.

MAISON, LIBRAIRE,

Quai des Augustins, 29.

1840.

ÉCHOS DE LA NAVARRE.

Guerre Civile.

Nos seuls bénéfices de nombreux travaux, à nous autres militaires, lorsque l'âge ou les blessures nous retirent d'une carrière ingrate arrosée de nos sueurs et de notre sang, ce sont nos souvenirs. Doux bonheur, n'est-il pas vrai, compagnons d'armes, quand nous sommes de retour au foyer domestique, que celui de jeter un regard en arrière sur tous les dangers anciens, les agitations passées, les fatigues qui brisaient l'âme et le corps; avec quelles délices nous écoutons en nous-mêmes l'écho lointain et affaibli de ces bruits qui jadis nous annonçaient la mort. Mais le cœur de l'homme est si incomplet, que pour sentir véritablement le bonheur, il doit se répandre sur d'autres cœurs qui le partagent. Voilà pourquoi le soldat est généralement conteur. Maintenant, n'est-ce pas un devoir pour tous de l'écouter, ce pauvre soldat, qui après avoir bien souffert pour vous défendre, ne vous demande que de prêter l'oreille au récit de ses souffrances glorieuses et désintéressées.

Soldat engagé sous une bannière étrangère, je sais bien qu'en publiant, en France, quelques souvenirs de ma vie des camps, je n'ai pas droit à invoquer de mes concitoyens cette sympathie qui accueille les paroles de ceux qui ont combattu pour la patrie; mais, peut-être, puis-je demander pour mes récits un peu de cet intérêt si vif de curiosité, qui fixe les regards de l'Europe sur tout ce qui, depuis six ans, arrive d'au delà les Pyrénées : c'est précisément dans cette sanglante et douloureuse histoire de la guerre d'Espagne, que j'ai esquissé d'après nature les scènes que je vais retracer. Et puis, en essayant de soulever un des coins du voile qui couvre cet affreux tableau, ne me sera-t-il pas aussi permis d'espérer que l'on attribuera à la publication de ce livre non pas un motif de vanité littéraire, mais l'élan d'une pensée patriotique. Ne puis-je avoir senti le besoin d'éclairer mon pays sur les conséquences terribles de ces luttes intestines, sous les morsures desquelles j'ai vu avec horreur palpiter les membres d'une grande nation étrangère ?

La France, plus que jamais, demande de semblables instructions !

Royaliste français, j'avais juré, en allant offrir mon épée à Charles V, de défendre en Espagne, tant qu'il serait debout, le drapeau de la légitimité, lors même qu'il n'en resterait plus qu'un lambeau. Naguère, je me trouvai dégagé par une cruelle blessure des devoirs que je m'étais imposés; mon bras devenait inutile, et je n'avais plus que des vœux à apporter au triomphe de la cause que j'avais embrassée.

Je rentrai en France et revis ma patrie avec ce sentiment qui fait que l'on s'étonne d'avoir jamais pu la quitter.

L'esprit encore plein de funèbres images, occupé du souvenir des choses que j'avais vues là-bas, je portais avec ravissement ma vue sur ces belles campagnes où la moisson ne trompera pas l'espérance du laboureur; sur ces riantes maisons, où la guerre, l'affreuse guerre n'a pas écrit son passage en sinistres traits de feu. Je m'étonnais aussi en traversant nos cités, de n'entendre que ces bruits innocents qui annoncent les travaux de l'industrie, le mouvement d'une douce civilisation. Mon imagination encore brûlante d'une atmosphère de désordre, de dissension, se rafraîchissait en pénétrant sous des toits pacifiques, où elle aimait à se créer des scènes d'amour, d'union, de bonheur domestique. Cependant, par moments, à mes oreilles retentissaient des paroles de haine et de colère. Bientôt je rencontrai de tristes ressemblances avec ce que je venais de voir à l'étranger; bientôt la discorde armée ensanglanta les rues de la capitale. O malheur! Malgré ce sang répandu, des opinions farouches, des ambitions ardentes ne reculant devant aucun obstacle, continuaient à appeler sur la France la guerre civile. La guerre civile! Mais sait-on bien ce que c'est que la guerre civile? Le pillage, le viol, l'incendie et la mort! la délation, pire que la mort, l'infâme délation. La guerre civile, c'est l'ami refusant sa porte à l'ami qui cherche un refuge, c'est un père frappant son fils, c'est une mère étendant en vain ses bras entre deux frères qui vont se déchirer !

Français ! redoutez ces malheurs , gardez-vous d'épuiser comme des insensés la source du sang précieux sur lequel la France votre patrie compte pour la défendre à l'heure du danger. Savez-vous si bientôt peut-être vous en aurez assez de ce précieux sang ? Croyez-vous donc que l'Europe vous a pardonné votre gloire passée ? Croyez-vous qu'elle renonce à chercher un jour de solennelles revanches ? Ne savez-vous pas que comme l'antique Rome , votre pays a sans cesse en face de lui la haine d'une implacable Carthage, de cette nation à la foi punique , qui dans ce moment vous trompe en vous embrassant, et tient toujours en réserve des ennemis pour les lancer sur vous.

Français, mes compatriotes, sachons réserver nos forces, nos sacrifices, notre sang pour le jour où notre nationalité serait attaquée, nos frontières menacées. Alors, tous réunis dans une même pensée d'assistance mutuelle , nous armerions nos bras, nous marcherions, nous mourrions ensemble. Alors, si nos rangs étaient éclaircis par le fer et le feu, la France, privée de ses enfants par la guerre étrangère, aurait du moins de la gloire pour se consoler, mais arrosée du sang de ses enfants sacrifiés dans une lutte fratricide, qu'aurait-elle, la France, pour consoler ses douleurs? Rien, car, voyez-vous, dans une guerre civile, la victoire même est un malheur.

Arrivée en Espagne.

C'était vers la fin de 1834 : jeune, j'avais déjà goûté de tout dans la vie, le cœur s'usait ; je me voyais en tremblant arriver à la situation de l'homme blasé, que la Religion retient au seuil du suicide, et qui toutefois frémit d'un certain plaisir en caressant de sa vue la lame d'un poignard ou les profondeurs d'un précipice.

Cependant deux fléaux désolaient l'Espagne : le choléra et la guerre civile, faisant de ces belles contrées un vaste cimetière. Là je voyais des dangers à courir, là je pouvais retremper mon âme, là rajeunir à des émotions inconnues. La mort qui menace à chaque instant ne rend-elle pas plus piquantes les moindres circonstances de la vie !

Puis , si quelque chose , grâce au Ciel , avait survécu en moi à ce que j'avais perdu au contact du monde, c'était une indéfinissable poésie de sentiments et d'idées, reste de souvenirs de ma première enfance et que je devais à une éducation basée sur la religion et le respect aux rois.

C'était les quelques fleurs qui poussent encore décolorées dans un champ dévasté par l'orage. Enfant, je m'étais souvent associé dans mes rêveries romanesques aux travaux de ces chevaliers et de ces montagnards écossais qui entourèrent de tant de gloire la chute de la bannière royale des Stuarts.

Eh bien ! de l'autre côté des Pyrénées aussi, un nouveau Charles Edouard avait planté sa bannière ! Des montagnes de la Navarre nous venaient de merveilleux récits, des combats de géants comme ceux de notre pauvre Vendée.... Je partis brusquement, sans même embrasser mon père.... Douleur éternelle ! Je ne devais plus le revoir....

Dans la pénible marche de nuit que j'eus à faire pour échapper aux poursuites actives des douaniers français, exécuteurs du traité de la quadruple alliance, je n'eus pas une idée, je ne dis pas une parole. Je suivais machinalement mes deux guides, lorsqu'ils allaient devant moi dépistant le terrain à la manière de ces Indiens si bien peints par le romancier Cooper.

Je ne me réveillai de cette espèce de somnambulisme qu'en arrivant, le matin, sur une montagne, à quelques pas de Zugaramurdi, premier village espagnol, lorsqu'un de mes guides me montrant d'une main une borne et de l'autre me frappant fortement sur l'épaule, s'écria avec joie, le brave homme : *Caballero sta usted en su pais*. Monsieur, vous voilà dans votre pays.... il m'avait pris pour un espagnol. Mais, mon Dieu ! n'était-ce pas ma nouvelle patrie, cette terre à laquelle je venais apporter le tribu de tout ce qui me restait d'existence, le tribut de mon sang que je versai plus tard abondamment pour elle et qui n'aurait dû couler que pour la France.

Ma vue se portait au loin sur cette belle campagne qui s'étalait gracieusement jusqu'à Bayonne, que j'apercevais se dégageant des brouillards de la nuit. Dans cette immense étendue, j'admirais tous les jolis villages français qui brillaient blancs et coquets aux reflets du soleil levant et formaient opposition avec le sale hameau de Zugaramurdi et la chaîne de montagnes noires et pelées que j'avais derrière

moi.... Je vins à penser que déjà j'étais un
étranger, un émigré sur cette terre qui avait
dévoré tant de milliers de mes compatriotes;
une douleur amère me saisit au cœur. Je fus
au moment de retourner sur mes traces. L'a-
mour-propre me retint et je me mis à marcher à grands pas pour mieux m'étourdir. Je
ne m'arrêtai que devant la mauvaise hôtellerie
de Zugaramurdi, où je fus abordé par quatre
individus armés, d'une mise plus qu'équivoque;
ils me demandèrent d'un ton impérieux *el
passe* (mon passeport), sur-le-champ. Ne com-
prenant pas la langue espagnole, je crus fran-
chement qu'ils en voulaient à mon argent : je
mis lestement la main à la poche, très empressé
à les satisfaire; mais, j'appris bientôt que
c'étaient les douaniers formant la garnison de ce
point avancé de la ligne carliste. Je leur mon-
trai le cachet au chiffre du roi qui m'avait été
remis comme sauvegarde. Je leur dis que je
venais me battre pour Charles V; dès-lors je
fus leur ami. De mon côté, je m'étonnais
d'avoir eu un sentiment d'éloignement et de
crainte pour ces braves gens, dont les physionomies me paraissaient franches et belles depuis
que je savais qu'ils étaient des soldats de
Charles. Cependant, quand on pense que ce mo-

narque dut être reçu comme moi, puisqu'il arrivait inconnu à la frontière, on peut se faire une idée des sensations qu'il aura éprouvées en apercevant ces premiers défenseurs de sa cause s'offrant à sa vue. Il est vrai aussi que son cœur dut battre d'un vrai mouvement d'orgueil, quand demandant, en ces mêmes lieux, à une pauvre femme, ce que l'on ferait, si le roi se présentait, cette fière fille de la Navarre lui répondit avec énergie : *Que le roi notre seigneur vienne et les pierres elles-mêmes se soulèveront pour lui!*

Tout ce qui venait offrir ses services à Charles devait se rallier auprès de la junte de Navarre pour de là être dirigé sur le quartier royal, après un sévère examen des personnes. Des bruits sinistres couraient sur l'envoi d'étrangers payés pour assassiner le roi.

Je fus assez heureux pour rencontrer la junte à deux lieues plus loin, à la petite ville d'Aranaz, où l'avait momentanément amené son état nomade.

La junte ayant été au commencement de la guerre, et avant l'arrivée de Sa Majesté, le seul pouvoir existant, se trouvait alors entourée de plus de représentation et en quelque sorte de plus de luxe que le quartier royal lui-même.

Charles V, forcé à chaque instant d'échapper par des chemins détournés aux poursuites de ses ennemis, tandis que Zumala-Carréguy leur faisait fièrement face, ne pouvait avoir autour de sa personne que quelques serviteurs et amis.

J'éprouvais l'étonnement qu'ont généralement partagé tous les étrangers qui sont venus en Espagne depuis les premiers jours de cette guerre; guerre horrible et atroce !

La ville d'Aranaz était paisible, insouciante comme dans un temps de paix. C'était un dimanche: les jeunes filles dansaient sur la place. Cependant l'ennemi était près de là, à Elisondo. En un instant, il pouvait arriver à l'improviste et, on le sait, alors point de quartier pour le malheureux prisonnier. J'exprimai mes craintes à quelques Espagnols, ils haussèrent les épaules et se drapant avec plus de dignité encore dans leurs manteaux me répondirent avec calme : *Aqui no hay mied*. Traduisez: On ne sait pas ici ce que c'est que la peur.

Deux jours après, la junte était surprise la nuit dans ce même endroit et, comme je l'appris plus tard, la chambre que j'avais occupée fut inondée du sang d'un jeune officier qui l'habitait avec moi et qui, malgré mes vives instances pour le faire partir, s'était entêté à attendre son équipage, qui arrivait de France.

J'allais donc enfin voir le Roi et Zumala-Car-réguy, ces deux hommes qui étaient à mes yeux l'un la représentation sacrée de la légitimité, l'autre le type radieux de la gloire.

Je m'étais joint, pour aller au quartier royal à quelques officiers qui avaient traversé la France pour se rendre dans le nord de l'Espagne La route que nous avions à parcourir était alors dangereuse, à chaque moment nous passions près des forts occupés par l'ennemi, mais nous n'avions qu'une idée, l'espoir de nous réunir le lendemain à l'armée royale. Nous étions gais et insouciants, car tous, j'aime à le croire, nous avions fait d'avance le sacrifice de notre vie.

Le Roi. — Zumala-Carréguy.

Charles V se trouvait à Zudaïre, petit village des Amascoas, vallée dont le nom a eu du retentissement et que ne souilla que deux fois seulement le pied de l'ennemi, la première fois pour y laisser des traces de sang et de vandalisme; la seconde, pour y recevoir un châtiment exemplaire, lorsque battu en 1835 et effrayé des justes représailles qu'il eut à y souffrir, il se décida à solliciter de la bonté du roi, par l'intervention de l'Angleterre, un traité qui régularisât la guerre et que jusqu'alors son orgueil avait refusé.

Reçu avec distinction, en ma qualité de français, par un compatriote, le respectable comte de Villemur, alors ministre de la guerre, vieux chevalier, qui malgré ses quatre-vingts ans était venu se ranger auprès de son roi, je fus, en descendant de cheval, et encore couvert de la boue du voyage, conduit par lui chez Sa Majesté. En dépit de tout ce que je pouvais me dire à moi-même en traversant l'unique et modeste rue de Zudaïre, je m'attendais à chaque instant, à voir apparaître quelques châteaux du genre de ceux disséminés dans notre belle France, et qui pût convenablement servir de demeure à un membre de la grande famille de Bourbon; aussi, avais-je dépassé une maison de bien mince apparence, la maison du curé, lorsque le ministre me dit en souriant de mon étonnement : C'est ici.

Quelques soldats couverts de lambeaux d'uniformes étaient de garde à la porte. Nous montâmes un petit escalier de bois, une chambre s'ouvrit; un homme d'une figure calme et douce, modestement habillé de noir, était debout près d'une table de noyer blanc, sur laquelle se voyaient quelques papiers.

Le roi! me dit tout bas le comte de Villemur.

Oui, c'était bien lui, Charles de Bourbon, le petit-fils de Louis XIV, le successeur de Charles-Quint, l'héritier de la grande monarchie espagnole. Châteaubriand où étais-tu?

Un roi ceint des pompes de la royauté tire sa grandeur de tout ce qui l'environne, un roi vraiment roi dans l'isolement de l'adversité, est grand par lui-même.... Les larmes me vinrent aux yeux, je me précipitai pour lui baiser la main. Avec une bonté toute modeste, il la retira, ne voulant pas recevoir d'un étranger cet hommage qui lui est dû par des vassaux; mais il me l'offrit ensuite avec grâce, quand je lui eus dit que du moment où il daignait me recevoir à son service, je me considérais comme un espagnol.

Un brevet d'officier dans l'armée royale me fut sur-le-champ expédié avec invitation de me rendre auprès de Zumala-Carréguy pour être employé.

Une heure après, le tambour battait, les paysans accouraient de toutes parts, annonçant que l'ennemi s'avançait de notre côté ; un avis du général en chef venait également d'arriver. En un instant, le roi fut à cheval et en marche, escorté seulement par une compagnie de soldats de la province d'Alava, mais gardé plus sûrement par l'amour des populations enthousiastes, le plus fort bouclier dont puisse s'armer un roi. Comme on se dirigeait sur Legaria, où se trouvait Zumala-Carréguy, je suivis le mouvement. Nous marchâmes cinq heures dans la montagne, avec une pluie et un vent affreux qui nous fouettaient le visage. Je fus assez heureux pour m'approcher de temps en temps de Sa Majesté, qui nous souriait à tous, semblant, pour nous encourager, oublier ses fatigues et ses peines.

A Legaria, je vis pour la première fois quelques corps organisés de l'armée royale, et le général en chef.

Comme son nom, qui tient du maure et du basque, Zumala-Carréguy réunissait dans sa figure le type du caractère de ces deux peuples ! Sa physionomie mâle, fière et, disons-le, un peu féroce, prenait par moments un étrange air de finesse, de bonhomie. Quand je fus devant lui avec mes anciens compagnons de voyage, qui venaient comme moi faire ratifier les grades qu'ils avaient obtenus de la bonté du roi, le général commença par déclarer d'un ton brusque qu'il avait besoin de soldats plus que d'officiers, que ceux qui voulaient des épaulettes devaient les gagner, le fusil sur l'épaule qu'un homme qui n'était pas mort ou blessé en trois mois était à ses yeux un lâche. Cependant il se radoucit, m'accueillit avec bonté et me fit l'honneur de me placer dans un de ses bataillons navarrais.

En sortant de chez lui, je me vis entouré de quelques compatriotes que l'annonce de l'arrivée d'un français avait attirés. Sur une terre étrangère, on est ami dès que l'on parle la même langue. Ils m'embrassèrent et m'emmenèrent partager leur modeste repas. C'était en général des Vendéens proscrits de leur terre natale, et pensant toujours dans l'exil à la patrie absente, à qui ils pouvaient dire comme cet ancien : *Terre ingrate, tu n'auras pas mes os !* Effectivement, tous à peu près dorment ensevelis aux plaines de la Navarre. Ils voulaient, les pauvres jeunes gens, que je leur parlasse de France, moi, qu'ils me parlassent de l'homme dont la vue avait produit sur moi une si vive impression; le dirai-je ? m'avait presqu'effrayé : leurs récits augmentèrent encore en moi ce sentiment de terreur.

Il y avait quatre ou cinq jours, l'ennemi, aux ordres du brigadier O Doyle avait été battu dans les plaines de Vittoria. Entouré par une hardie combinaison des nôtres, il avait été entièrement écrasé. Durant le carnage. Zumala-Carréguy, monté sur un cheval noir, comme un esprit de mort, parcourait le champ de bataille en jetant ce cri fatal : *Nò hay cuartel ! Il n'y a pas de quartier* ! tuez à l'arme blanche, nous n'avons pas de poudre à gaspiller. Et le lendemain, quand il signifia à O Doyle, épargné la veille, qu'il eût à se préparer à mourir dans une heure avec son frère, qui était son chef d'état-major, O Doyle aurait dit, la rage dans le cœur : Eh quoi ! vous, militaire, vous n'avez pas honte de traiter ainsi un brigadier ! Et Zumala-Carréguy lui aurait répondu avec un sourire amer : Je vous traite comme vous n'avez pas eu honte, vous autres militaires, de traiter un maréchal de camp ! (L'infortuné *Santos Ladron* fusillé l'année précédente dans les fossés de Pampelune.)

Peu de temps auparavant encore, on avait surpris dans une embuscade une colonne dont un des chefs était le comte de Via Manuel : tout avait été passé par les armes. On avait seulement sursis à l'exécution du comte, grand d'Espagne de première classe, jusqu'à ce qu'on eût reçu les ordres du roi, qui pouvait avoir d'autres vues sur la vie de ce personnage. Quinze jours s'étaient écoulés, tout semblait oublié. Un jour, Via Manuel était gaîment assis à la table de Zumala-Carréguy, qui le traitait avec considération, les dépêches du roi arrivent. Le général ouvre une lettre, la parcourt et la passe froidement au comte. C'était un ordre de mort.... Sa Majesté s'étonnait que son général, qui avait fait impitoyablement fusiller tant d'infortunés soldats, victimes de l'obéissance militaire et d'impérieuses circonstances, eût épargné le comte de Via Manuel qui, comme Grand d'Espagne était plus que personne coupable de haute trahison. A la lecture de l'arrêt fatal, l'infortuné s'écrie : Général, c'est à vous à commander et non à obéir; c'est vous qui êtes le maître en Espagne et vous m'avez donné la vie.... Malheureux, répond Zumala-Carréguy en se levant de table, les yeux brûlants de colère, sachez que je suis le premier serviteur du roi ; allez, préparez-vous à paraître devant Dieu! On va vous envoyer un prêtre, vous avez deux heures à vivre.

Je m'étonnais à voir le sang froid avec lequel mes nouveaux amis, jeunes gens à la physionomie douce et bonne me racontaient ces horribles détails. Hélas! leurs cœurs s'étaient déjà endurcis à la vue de scènes pareilles, qui se renouvelaient chaque jour. Pour moi, je l'avoue je croyais être tombé parmi des tigres. Mais quelques heures après, j'acquis avec joie la certitude que le brave et noble Zumala-Carréguy n'obéissait, en exerçant ces actes de rigueur, qu'à une affreuse nécessité, et que, lorsqu'il le pouvait, il se laissait aller aux généreuses inspirations de son cœur. En effet, ce jour même, il accorda la vie à six cents malheureux soldats prisonniers, restes du carnage de Vittoria et les incorpora dans nos rangs où presque tous se sont distingués depuis. Cependant, peu de temps après, Mina faisait lâchement assassiner dans leurs lits vingt-huit de nos pauvres volontaires qui avaient été abandonnés blessés au village de Labayen dans le Bastan.

Je m'associai avec transport aux cris de : Vive Zumala-Carréguy! qui accueillirent cet acte de clémence, et furent spontanément poussés par tous les bataillons formés sur la place, surtout par celui des guides de Navarre, qui aimait le général comme un père.

Le lendemain, on parlait de marcher vers les

plaines de la Rivera, qui bordent le cours de l'Ebre. Je me hâtai de rejoindre mon bataillon, qui était de cette expédition. Je m'étais, en un instant, électrisé au contact de ces braves, je ne demandais déjà comme eux que le moment du combat, j'étais habitué d'avance à tout, aussi, fût-ce sans frémir, que j'allai, moi, jeune homme fait aux mœurs douces et faciles de la France, me ranger sous notre bannière noire, qui portait pour légende avec quatre têtes de mort, ces mots : *Vittoria ó muerte.* La victoire ou la mort !

Organisation de l'Armée Royale.

Les forces qui défendaient en Espagne la cause de Charles V, ne se composaient guère, à cette époque, que des volontaires des quatre provinces du nord : la Navarre et les provinces Basques.

La Catalogne n'avait pas poussé le cri de guerre, elle n'était pas revenue de la stupeur où l'avait plongé le coup qui lui fut porté, lors du premier soulèvement carliste par des hommes qu'à bon droit cependant elle devait considérer comme attachés à ce parti.

Cabréra, le héros actuel de l'Espagne royaliste, n'avait pas puisé dans la vue du sang de sa mère, indignement versé, le besoin de vengeance qui en a fait un grand homme. Les plaines de la Manche n'étaient pas encore sillonnées par les marches hardies et aventureuses des cavaliers de Palillos.

Seulement en Aragon et en Castille, l'étendard du roi Charles V, flottant aux mains de Carnicéro et de Mérino, et entouré de rares défenseurs, apparaissait timidement sur le sommet des montagnes.

Lorsque Ferdinand VII mourut, léguant la guerre civile à l'Espagne, pour prix de tant de sacrifices autrefois faits par elle, pour le prisonnier de Valençay, les populations de la Navarre, de Guipuscoa, de la Biscaye et de l'Alava, prirent énergiquement parti pour Charles de Bourbon, prétendant légitime à la couronne.

Ces provinces, comme on l'a répété à satiété, ne s'armèrent nullement pour le seul intérêt de la conservation de leurs franchises. Jamais dans nos rangs, je n'entendis prononcer le mot de *fueros*, et l'on a pu voir d'ailleurs quel fut le résultat de la levée de drapeau du sieur Munagori *. Les provinces furent mues par le sentiment de cette antique fidélité qui précisément leur valut des souverains, l'octroi des vieux priviléges; elles obéirent à cet élan de royalisme qui fit se lever en un jour vingt-cinq mille castillans, au premier appel de Mérino. Seulement la disposition du sol et plus encore

---

* Munagori, qui comme chef militaire ou homme politique n'avait aucune espéce de talent, ne manquait pas d'une certaine habileté dans les affaires d'argent. Il avait été autrefois notaire. De concert avec quelques spéculateurs, il imagina son fameux projet de pacification des provinces du nord, et en essaya l'exécution, grâce aux secours de la France et de l'Angleterre dont il fit ses dupes. On sait que pendant plusieurs mois, Munagori se tint, bannière déployée, sur les frontières, avec un corps d'aventuriers, trouvant sans cesse des prétextes pour ne pas marcher en avant; mais ce que l'on ne sait pas, c'est qu'il avait établi, à son compte, dans ses cantonnements deux auberges ou cabarets, dans lesquels seuls ses soldats pouvaient aller boire. Le vin et les liqueurs y étaient donnés à un prix élevé. Grâce aux dispositions bachiques de ces guerriers, il était rare que la paie entière ne passât dans ces lieux.

De cette manière, l'or, venu à grands frais de Londres ou de Paris, passait naturellement dans la poche de l'honnête industriel.

Le jour où il fallut laisser le commerce pour la gloire, le héros disparut.

le voisinage de la France, d'où l'on pouvait tirer des secours, leur permettaient plus qu'au reste de la péninsule de soutenir avantageusement la lutte.

La défiance et l'action brutale du pouvoir usurpateur, manifestées principalement contre la Navarre, fut ce qui irrita surtout l'orgueil et le caractère âpre de ses habitants.

L'esprit fier et belliqueux des populations du nord de l'Espagne ; la topographie de leurs montagnes, m'étaient choses si connues, avant même que je ne les visse de mes yeux, que je ne dus pas être étonné qu'en 1834, Zumala-Carréguy pût faire contre les troupes de Christine, ce que Mina avait fait en 1812 contre les troupes bien autrement redoutables de Napoléon. Mais ce qui me frappa d'étonnement, lorsque je ne pensais en vérité ne rencontrer que des bandes de guérilléros, ce fut de me trouver en face d'une armée bien organisée.

Voilà où je reconnus toute la puissance du génie de Zumala-Carréguy.

Ce général habile en toutes choses, pensait avec raison que dans une lutte qui menaçait devoir traîner en longueur, il fallait ne pas satisfaire trop tôt l'ambition, ce puissant mobile des vertus militaires. Les hauts grades furent donc distribués avec sobriété. L'état-major fut restreint dans des bornes très étroites.

Quelques généraux, Ituralde, Gomez, Eraso, Guibelalde, Zavala, Gnergué, Villaréal, une douzaine d'aides de camp formaient tout notre état-major, et à vrai dire nous ne savions pas même dans l'armée quels étaient les grades de ces officiers. Le titre de général n'était en quelque sorte affecté qu'à Zumala-Carréguy, qui résumait en lui seul toute l'idée du commandement.

Lors de la ratification du traité Elliot, les commissaires nommés par l'ennemi, proposaient un article additionnel, avec des dispositions pour hâter l'échange des généraux faits prisonniers. Zumala-Carréguy ne voulant rien stipuler de favorable pour lui-même, leur répondit en souriant : Ceci ne peut pas s'arranger, Messieurs, nous autres nous n'avons pas de généraux, nous sommes tous égaux, des *volontaires !*

La Navarre avait sous les drapeaux dix bataillons, plus celui des guides. Ceux qui portaient les cinq derniers numéros s'étaient formés comme par enchantement, à l'apparition du roi en Espagne.

Les guides, les 1ᵉʳ, 3ᵉ 4ᵉ, 6. et le 10. ne quittaient jamais le général, et formaient, avec deux bataillons de la province de Guipuscoa la division d'opération.

Ces six bataillons de Navarre étaient sous les ordres de six excellents officiers, qui, à l'exception d'un seul, ont payé de leur sang tout entier la gloire qu'ils ont acquise; deux du moins sont morts au champ d'honneur, Torrez et Aguirre ; trois autres ont péri de la main des soldats qu'ils avaient conduits tant de fois à la victoire : je veux parler des infortunés Garcia, Sans et Carmona, fusillés par Maroto lors du guet-apens d'Estella.

Les 2ᵉ, 5ᵉ, 7ᵉ, 8ᵉ, 9ᵉ bataillons, sous la direction de leurs commandants, plus particulièrement sous celle de l'un d'eux, Sagastibelza, opéraient isolément sur l'extrême frontière d'Aragon et dans la vallée de Bastan, où ils maintenaient le libre passage de France.

La division d'Alava, forte de quatre bataillons, parfaitement instruite et disciplinée par le zèle, le talent et la sévérité militaire de don Bruna Villaréal, était sous les ordres de cet intrépide lieutenant de Zumala-Carréguy. Celui-ci faisait le plus grand cas de ces troupes, qui suivaient toujours de loin ses mouvements et sur lesquelles il comptait, en cas de revers, pour soutenir la retraite. Le Guipuscoa avait fourni

quatre bataillons ; un cinquième se formait à
Onate ; deux, aux ordres de Guibelalde, se
tenaient sur le peu de points laissés libres
dans leur province, occupée militairement par
l'ennemi ; les deux autres marchaient avec les
Navarrais.

Eraso, depuis la disgrâce du général Zavala,
commandait les six bataillons de Biscaye ; ceux-
ci ne sortaient jamais de cette province, sta-
tionnant sans cesse autour de Bilbao et formant
une espèce de blocus des petites villes de la
côte de l'Océan.

Nous comptions de plus quelques *partidas* ou
corps volants, qui agissaient séparément, selon
le bon plaisir de leurs chefs. Ils arrêtaient les
courriers, éclairaient nos marches, harcelaient
l'ennemi dans les siennes. Les *partidas* les plus
renommés étaient, en Navarre, celle de Mano-
lin, en Guipuscoa, celle des frères Autamendi.

La junte de chaque province avait une compagnie pour sa garde particulière.

Notre cavalerie, qui se composait de quelques
centaines de chevaux avait à peine reçu une
première organisation. Elle la dut ensuite aux
efforts actifs de son commandant général, Carlos
J'Donnel, lorsque celui-ci parvint à nous
joindre, en s'échappant des mains de la police

française. Notre artillerie comptait deux pier-
rières prises à O'Doyle, dans l'affaire de *Vittoria*,
plus un vieux canon déterré je ne sais où et
que les soldats appelaient *el avuelo* (le grand-
père), soit à cause de son âge, soit par la prévision que de ce canon nous en naîtraient bien
d'autres. L'intelligent colonel Reyna dirigeait
ce triste matériel et s'occupait en même temps
à faire couler quelques pièces dans le Bastan.

Les fantassins n'avaient point d'uniforme. La
boyne ou béret basque, rouge pour les officiers, bleu pour les soldats, était la principale
marque distinctive des troupes carlistes. Ces
bérets, des chemises, des chaussures faites de
cordes (*aspargatas*), étaient les seules fournitures qui fussent faites à l'armée au nom du
Roi, par les juntes des provinces.

Une petite veste brune, la ceinture de laine
ou de soie rouge, un large pantalon de velours, la *manta* ou couverture bariolée, une
giberne attachée sur le devant, et un sac de
toile blanche complétaient l'habillement et la
tenue de nos hommes.

L'officier d'infanterie portait généralement
avec son manteau roulé sur l'épaule, une petite
capote bleue ornée, selon les grades, de galons
ur les manches uo d'attentes d'épaulettes, en

or et en argent : presque tous nous étions munis d'un bâton ! C'était notre arme défensive et offensive. Un sabre semblait alors chose bien précieuse et bien rare ; car pour le posséder, il fallait l'enlever à l'ennemi, ou avoir, pour rencontrer quelque vieille lame, le talent de découverte d'un antiquaire.

Mon excellent ami (il verra que je ne l'ai pas oublié), Don Jose Soto, capitaine au 6e de Navarre, avait une épée sans fourreau, qui fut longtemps l'objet de son amour et de la convoitise de ses camarades, car elle aidait merveilleusement à gravir les hauteurs : à sa longueur démesurée et à la rouille vénérable qui la couvrait, je l'ai soupçonnée parfois d'être la fameuse épée de Roland, qui pourfendait les montagnes : au reste nous étions près de Roncevaux.

Les armes de nos soldats ne valaient guère mieux que les nôtres : c'étaient les anciens fusils des volontaires royalistes de 1823, presque tous mis hors d'usage et que l'on faisait réparer en toute hâte à notre unique fabrique d'Ecala, dans les Amescoas. Ces armes, mauvaises par elles-mêmes, achevaient de se perdre dans la main de soldats inexpérimentés ; aussi, dans chaque affaire, après quelques minutes de feu, avions-nous, le plus souvent, dans une seule compagnie, vingt ou vingt-cinq fusils rendus entièrement inutiles; ajoutez que les munitions manquaient. J'ai vu distribuer un jour de bataille, *sept* cartouches à chaque soldat ; il fallait donc nécessairement marcher de suite à la baïonnette. Ce genre d'attaque plaisait aux Navarrais et aux Guipuscoans, qui ayant foi dans leur force corporelle ne redoutaient point le combat à l'arme blanche.

C'était un moment bien beau, bien terrible, et qui eût étrangement bouleversé un homme comme le bon abbé de Saint-Pierre, le rêveur de la paix universelle, que celui où la voix des chefs faisait entendre ce commandement : *Muchachos a la bayoneta!* Enfants à la baïonnette. Vous eussiez vu nos lugubres étendards et guidons s'élever tout-à-coup sur nos têtes, comme enflés par un souffle de mort, nos hardis montagnards se débarraser vivement de la *manta* pour être plus lestes à frapper. Vous eussiez entendu un cri sauvage et rauque: *A ellos !* A eux! courir de bouche en bouche ; et bientôt une masse compacte, roulant sur elle-même avec un désordre presque régulier, se ruait contre l'ennemi, qui d'ordinaire n'attendait pas le choc.

Si quelque chose balançait dans l'armée royale le manque de ressources, c'était sa parfaite organisation et l'excellente discipline que le général y avait établie, aidé par la vieille expérience de Gomez, son chef d'état-major, qui, sous ce rapport, a rendu d'éminents services à la cause de Charles V. L'administration, la formation des corps, la théorie en usage, étaient à peu de différence près, semblables au mode suivi par les armées françaises.

Nous avions dans chaque bataillon, de plus qu'en France, un second commandant chargé spécialement de la comptabilité et de l'administ.ation intérieure du corps. Nous avions de moins, l'officier payeur, dont les fonctions étaient remplies par un capitaine de compagnie. Ce dernier se rendait tous les cinq jours, auprès du général en chef, qui lui remettait lui-même l'argent.

Zumala-Carréguy avait, pendant quelque temps, pensé à organiser des régiments, pour donner plus d'unité à ses opérations; mais il avait renoncé à cette idée et s'en était tenu à la forme de bataillon, comme plus facile à manier dans nos courses continuelles.

Ces courses, toujours longues et pénibles, se faisaient lestement, grâce à l'inexorable sévérité avec laquelle le général avait éloigné les embarras qui entravent la marche des armées régulières. Aux chevaux des deux commandants et des capitaines, qui seuls avaient le droit d'en posséder à leur service ; à ceux des deux aumôniers, du chirurgien ; à deux petits mulets portant la cantine et les papiers du corps, se réduisaient tous les bagages d'un bataillon carliste.

Le pauvre officier subalterne n'avait d'autres ressources, pour porter son manteau et son équipage, que ses propres épaules ou celles de son *assistente* (son domestique). Rien n'était plus admirable que cette classe de domestiques militaires, dont le dévoûment était grand et entièrement désintéressé. N'ai-je pas vu un pauvre soldat travailler pendant les nuits pour pouvoir, au point du jour, porter quelqu'argent à son maître, qui était blessé à l'hôpital, et cela sans jamais vouloir lui déclarer d'où provenaient ces secours !

Par les mêmes raisons qui avaient fait adopter le mode de bataillons pour notre infanterie, la cavalerie était divisée en escadrons. Les chevaux étaient magnifiques ; c'étaient en général des étalons de race de la plus haute taille. Les officiers étaient ou d'anciens militaires ou de jeunes gardes du corps de Ferdinand VII, qui, à la mort du roi, étaient venus rejoindre l'armée de Charles V. Ces officiers avaient adopté, à l'exemple de Zumala-Carréguy, la *Zamarra* (veste noire faite avec des peaux d'agneaux).

Quant aux soldats, réunis, ils offraient à l'œil une bigarrure d'habillements vraiment choquante. Ayant un grand faible pour l'uniforme, ils se revêtaient de tous ceux que l'on pouvait prendre à l'ennemi et qui leur étaient vendus à vil prix par les fantassins, plus fidèles au costume montagnard.

Officiers et soldats portaient la lance; le reste de l'armement était tout-à-fait incomplet.

Les habitants du nord de l'Espagne connaissent peu les chevaux; aussi nos hommes, surtout les Navarrais, étaient de détestables cavaliers. J'en ai vu, dans une déroute, abandonner leurs montures, se fiant plus à leurs propres pieds qu'à ceux des chevaux.

Cependant, grâce à leur bravoure, nos escadrons auraient pu entrer en ligne avec avantage, mais à forces égales contre les régiments de cavalerie, ennemis recrutés d'Andalous et d'habitants de la Manche, les meilleurs cavaliers d'Espagne.

Je ne dirai rien de la discipline qui régnait

parmi nous, sinon qu'elle a été dès le com- mencement ce qu'elle était à la fin, et certes, dans le drame sanglant joué dernièrement à Estella, on a pu voir si c'est une armée disci- plinée que celle où, sous un ordre qu'ils pen- sent émané du roi, les soldats fusillent sans murmurer les chefs qui jusqu'alors leur avaient été les plus chers.

Je fus une fois témoin, presqu'à mon arri- vée, d'une scène plaisante d'obéissance passive poussée à l'extrême par des Navarrais, chose d'autant plus extraordinaire, que ce peuple est, par sa nature, impatient de toute espèce de joug.

Le 6e bataillon de Navarre avait beaucoup souffert du choléra; trente hommes étaient morts dans une seule nuit au village d'Acédo Le lendemain don Pablo Sans, colonel de ce bataillon, reçoit une invitation du général en chef à chercher tous les moyens possibles de distraire le soldat et l'enlever à de sinistres pensées. Brave, loyal mais franc et rude mili- taire, Sans passe un ordre par lequel il est enjoint aux trompettes d'aller jouer des airs de danse sur la place, et aux soldats, de danser, de se divertir. Les trompettes se rendent au poste indiqué, mais, attristés par la mort de

leurs camarades et saisis de craintes trop justement fondées, les soldats ne répondent pas
à leur appel : ils se promènent en silence,
s'évitant les uns les autres.

Sans, de son balcon, voit cette contraven-
tion aux volontés de Zumala-Carréguy et aux
siennes. Les coquins, s'écrie-t-il en colère,
ont pourtant reçu l'ordre d'être gais. Il saisit
son fouet, descend, frappe de droite et de
gauche, à coups redoublés : Ne vous a-t-on pas
dit de danser, d'être joyeux et contents, si vous
ne voulez pas mourir? et les pauvres Navarrais
de rire et de danser.

Mon cœur se serre de tristesse, quand je
pense au sort actuel de cette armée, belle de sa
noble misère, de son héroïque dévoûment.

Général Maroto! vous pouviez vous couvrir
de gloire à la tête de cette armée : comment
avez-vous préféré la vendre!... pour de l'argent
encore! Certes, on vous a bien payé, sept millions! Judas s'était contenté avec trente deniers. N'importe, ce que vous avez fait est si
grand, dans son genre, que l'on ne saurait assez
vous récompenser. Aux millions on aurait dû
ajouter le titre de *Duc de la Trahison :* vous
l'avez mérité plus que votre ami Espartéro ne
mérita jamais le titre de *Duc de la Victoire.*

Marche sur la Rivera de Navarre. — Mort d'un Vendéen. — L'Alcade de Miranda.

On m'avait donné de fâcheuses préventions sur l'accueil glacial que les Espagnols faisaient aux étrangers que le Roi admettait dans son armée. Peut-on concevoir que l'on reçoive mal des gens qui viennent mourir avec et pour vous! Je fus agréablement détrompé en me présentant au bataillon auquel j'étais destiné : mes camarades me firent une réception pleine de cordialité, et par de nombreuses marques d'amitié, me rendirent moins pénible mon introduction à la vie des camps.

Je n'oublierai jamais la sensation que j'éprouvai en mangeant pour la première fois le pain de nos rations militaires, ce pain que le pauvre paysan navarrais s'arrachait de la bouche pour l'envoyer aux soldats de son Roi.

On comprendra combien ce sentiment de tristesse a dû s'augmenter en moi à mesure que j'ai fait plus de pas dans cette guerre désastreuse et que j'ai vu croître d'année en année la masse des sacrifices du peuple. Alors, du moins, tout était espérance chez le paysan et chez le soldat. Leurs regards s'arrêtant avec complaisance sur le génie et l'activité puissante de Zumala-Carréguy, apercevaient la victoire déjà prochaine, et ne plongeaient pas dans un avenir d'horreur, de destruction, et cependant, durant cinq longues années encore, les campagnes des provinces fidèles devaient prodiguer le sang de leurs enfants, les fruits de leurs moissons, ces deux richesses du laboureur.

Je me rappelle aussi que reçu comme officier, le jour de mon arrivée, avec les formalités d'usage, devant le front du bataillon, je me trouvais étrangement honteux d'avoir à commander à des hommes qui tous s'étaient déjà signalés dans de nombreux combats, dont plusieurs pouvaient enseigner de glorieuses cicatrices, moi qui n'avait reçu ni le baptême de feu, ni le baptême de sang.

J'aspirais au moment où je pourrais, après avoir exposé ma poitrine au danger, prendre réellement rang parmi ces braves. Les occasions, heureusement, ne se faisaient pas attendre! Je m'endormis le soir avec des songes de gloire.

Avant que le jour ne parût dans le ciel, je fus réveillé par la *diane*.

En temps de paix, me trouvant dans nos villes de guerre françaises, j'ai toujours été ému profondément lorsque, par hasard, j'ai entendu cet appel matinal à la vigilance du soldat. Je trouvais dans cet hymne guerrier quelque chose de mystérieux, de mélancolique, une grandeur, une poésie inconcevables qui remuaient singulièrement mon âme. Que devins-je quand je me sentis sous l'impression bien autrement vive de la mélodie tantôt douce, tantôt vibrante de la trompette, répétée au loin, dans le silence de la nuit, par les échos des montagnes environnantes!

Bientôt les tambours battirent la marche dans les rues désertes de Piédra Milléra et dans tous les villages à l'entour, où étaient cantonnées les troupes.

Une agitation bruyante succède à ce moment que j'appellerai presque solennel.

Le gouvernement de Madrid avait été justement effrayé des progrès qu'avait faits l'insurrection royaliste du nord, depuis que le monarque légitime avait touché le seui de l'Espagne: il avait, du reste, perdu entièrement son premier espoir de s'emparer de ce prince, et il prévoyait combien le bruit répandu de l'arrivée du Roi serait un puissant levier pour soulever les provinces de l'intérieur et mettre la désertion dans l'armée; il ne trouva rien de mieux à faire que de nier la nouvelle et mettre en circulation dans le pays les *on dit* des oisifs de la *Puerta del sol.*

Tantôt don Carlos était toujours en Angleterre, et un *moine*, comédien habile, jouait en Navarre le rôle du prétendant; tantôt le personnage que les chefs de la révolte avaient présenté à leurs soldats, pour relever leur courage abattu (dans les pompeux bulletins de Rodil, de Mina), n'était autre qu'un perruquier français qui ressemblait à l'Infant rebelle, et mille autres absurdités.

Mais comme toutes ces choses, précisément parce qu'elles étaient absurdes, pouvaient avoir cours parmi les masses, toujours amies du merveilleux, aux dépens du vraisemblable, il était nécessaire de détruire ces bruits, et le meilleur moyen était, pour le moment, de montrer au moins Sa Majesté aux populations navarraises limitrophes de l'Ebre.

Zumala-Carréguy avait habilement attiré les principales forces ennemies des bords de ce fleuve à Bilbao et, par une marche rapide, s'en était rapproché, lui avec toutes les siennes. Le Roi, comme nous l'avons vu, était venu le rejoindre à Legaria. Cinq à six mille hommes sous ses ordres devaient accompagner Sa Majesté dans cette marche, où l'on cotoierait les lisières de la Castille, en s'arrêtant à celles d'Aragon.

Le point de départ était marqué à Arroniz, bourg de la Solana, la première vallée de la Rivéra.

Au point du jour, tous les bataillons s'y trouvaient réunis ; bientôt le quartier royal arriva. Ce fut la première fois que je vis rendre à Sa Majesté les honneurs militaires par un de nos corps d'armée. Le plus grand enthousiasme régnait dans les rangs.

C'était une matinée d'automne, s'annonçant belle comme une matinée de printemps. Le défilé de marche commença de suite dans un ordre parfait. L'ennemi avait encore assez de forces, dans le pays que nous allions parcourir, pour présenter à notre expédition quelque apparence de péril qui me plaisait.

Les Guides de Navarre marchaient avec le roi en tête de la colonne, que suivait toute notre cavalerie, composée à peu près de six cents chevaux.

La joie la plus vive rayonnait sur tous les

fronts. La Rivéra de Navarre est riche et dévouée à notre cause. L'abondance et un bon accueil nous attendaient dans ces magnifiques plaines, qui gémissaient sous le joug ennemi. Beaucoup de nos volontaires étaient sortis, au commencement de la guerre, des villes et des villages semés dans ce pays. Ces pauvres soldats se faisaient une fête de visiter leurs maisons et leurs familles dont ils étaient séparés depuis longtemps, et ils étaient heureux.

C'est une erreur bien grande et généralement répandue que l'Espagnol est profondément triste et sérieux par caractère et insensible au bien-être de la vie.

Les propos joyeux, bien souvent spirituels, sautillaient de rangs en rangs. Les *botas* ou peaux de bouc, remplies d'excellent vin, couraient de main en main, se vidaient et se remplissaient à l'instant par les soins des paysans accourus de toutes parts pour saluer le Roi. Chaque compagnie possédait au moins trois ou quatre musiciens amateurs qui, armés de leurs guitares fidèles, accompagnaient, durant la marche, cent voix chantant en chœur, ou faisaient entendre les airs de danse nationaux: la *Jota aragonesa*, la *Cachucha*, que leur originalité vient naguère de naturaliser en France.

Pour moi, tant que nous fûmes dans la Solana, point le plus avancé où l'on eût pu jusqu'alors implanter la guerre, j'aimai à me faire dire, tantôt par un officier, tantôt par un soldat, les combats qui déjà avaient arrosé ces lieux de sang. Parmi tous ces récits, un me frappa; c'était bien naturel, vous allez voir :

Un moment, nous avions en vue, sur notre droite, le village de Cesma. C'est là, me dit un de mes camarades, qu'est mort avec honneur un de vos compatriotes, et de suite il me raconta la touchante histoire de cette mort. Certes, à la chaleureuse animation qui dictait ses paroles, on voyait que l'Espagnol rendait justice au Français.

Un enfant de la Bretagne, M. Aubert, avait été admis provisoirement comme volontaire au service de Charles V. On lui faisait espérer l'épaulette d'officier, et lui cherchait tous les moyens de la mériter par son courage, avant que la faveur la lui fît obtenir.

Etant près de Cesma avec les nôtres, Aubert aperçoit quelques-uns de nos lanciers qui vont escarmoucher aux avant-postes. Pensant qu'il pourra se distinguer au milieu d'eux, notre brave Breton cherche des yeux une arme et un cheval, il n'avait encore ni l'un ni l'autre;

d'un sabre, il pourra bien, à la rigueur, s'en passer, n'a-t-il pas un excellent bâton? Mais il lui faut un cheval; pour Dieu! donnez-lui un cheval.

Mon ami, M. Eniksel, ce noble jeune homme anglais qu'affectionnait Zumala-Carréguy, se trouve par hasard de ce côté; il a deux magnifiques chevaux. Aubert le supplie de lui en prêter un. Eniksel fait observer que ces animaux sont fougueux, difficiles à manier et qu'il y a du danger à les confier à un apprenti cavalier. Hélas! c'était le cas du pauvre Aubert; mais il presse, il supplie, il a les larmes aux yeux, comment refuser? il monte, vole et rejoint les lanciers, qui dans ce moment simulent une fausse attaque contre l'ennemi. Bientôt ils se replient en appelant l'imprudent français que son ardeur entraîne en avant. Mais déjà le cheval, dirigé par une main inhabile, l'avait emporté au milieu des rangs opposés. On l'entoure, il veut résister, on voit qu'il est sans armes, on a honte de le tuer, il est fait prisonnier.

Amené devant le général christino, il est interrogé; ne sachant pas l'espagnol, il se contente de dire: *Viva Carlos quinto!* les seuls mots que son cœur lui avait appris. Le général, touché de sa jeunesse, de son air de franchise et de loyauté, lui dit tout bas, en français : Assurez, Monsieur, que vous êtes passé à nous, c'est le seul moyen de sauver votre vie, on vous croira. Non, non, s'écrie avec force Aubert, je suis royaliste et ne serai jamais un traître : *Viva Carlos quinto!* On lui fait une seconde invitation : *Viva Carlos quinto !* répète l'obstiné breton.

Il fut fusillé; mais les ennemis, admirant son courage, lui firent faire d'honorables funérailles.

On entend quelquefois certaines gens dire d'un ton dédaigneux : au fait, qu'est-ce qu'un Vendéen ? *Eh bien ! voilà ce que c'est qu'un Vendéen !*

Cependant nous commencions à obtenir le résultat voulu de notre expédition. Les populations affamées de voir, pour la première fois, Sa Majesté, et de s'assurer si c'était bien elle , se précipitaient de toutes parts avec d'incroyables transports de joie et d'enthousiasme. Les vieillards pleuraient, les jeunes gens venaient s'enrôler, les femmes, les jeunes filles, nous apportaient à l'envi des corbeilles pleines de pâtisseries et de fruits, et les vins renommés de *Falcès* et de *Peralta*.

C'était une marche triomphale.

Ajoutez à cela que pour donner un plus libre essor à notre imagination et à nos vastes espérances, nous voyions se dérouler devant nos yeux un immense point de vue dont la droite nous présentait au loin les montagnes de la Rioja et celles de Burgos, le chemin de Madrid enfin.

Nous pouvions presque nous faire illusion et nous figurer que nous étions en pleine marche sur la capitale. Hélas ! j'allais bientôt acquérir la certitude, en assistant à d'horribles scènes, que nous devions encore marcher bien long-temps dans le sang pour arriver à ce terme tant. désiré de nos travaux. Faudra-t-il donc, mon Dieu, afin de l'atteindre, qu'il ait péri assez de monde pour couvrir de cadavres toute la route qui mène de la Navarre à Madrid !

Comme cet ouvrage est destiné à des lecteurs français, je crois devoir voiler quelques scènes affreuses que j'aurais à raconter, elles exciteraient un trop grand sentiment de répulsion, représentées à nu. Peut-être ne se convaincrait-on pas assez que les faits dont il s'agit se passent en Espagne, que là, règne la guerre civile, cette mère de tout ce qu'il y a d'horrible, que là, les mœurs sont âcres, les esprits farouches et les coutumes barbares.

Nous devions passer la première nuit dans la petite ville de Miranda. Les habitants nous avaient accueillis avec expansion, et comme chacun d'eux se faisait un bonheur de recevoir chez lui quelques-uns d'entre nous, on avait jugé inutile de distribuer des billets de logement; une rue était affectée à un bataillon, les officiers, puis les soldats choisissaient les maisons. L'alcade lui-même et les membres de *Ayutamiento* nous dirigeaient dans ce choix avec un obligeant empressement.

Je venais de quitter l'alcade, qui m'avait procuré un excellent gîte, et de le remercier de sa complaisance;... j'allai faire une visite à mon colonel, don Pablo Sans.

En mettant les pieds sur le seuil de la maison qu'il occupe, j'entends des cris de douleur, je vois des femmes, des enfants éplorés et donnant les marques du plus profond désespoir. J'en demande la cause : On allait, m'est-il répondu, fusiller *al Patron*, le maître du logis. Quel était cet infortuné? le même alcade, des politesses duquel j'avais à me louer. Voilà ce qui s'était passé.

Quelques lanciers avaient été envoyés en éclaireurs sur le chemin de Lerin, où se trouvaient des troupes ennemies ; ils avaient arrêté, dans la plaine, un homme porteur d'une lettre annonçant au gouverneur du fort notre arrivée, le but de notre marche, et détaillant les forces que nous avions avec nous.

Conduit devant Zumala-Carréguy : Tu connais, lui dit froidement le général, le sort destiné à un espion ; tu vas te confesser, demain à quatre heures tu seras fusillé.

Mais, dit cet infortuné, je n'ai fait qu'obéir à l'alcade. — Qu'on aille chercher l'alcade. — Il arrive. — C'est vous, Monsieur, qui avez envoyé cette lettre ? — Oui, général, mais votre excellence sait que je ne puis me dispenser.... — Allez, c'est bon, vous vous confesserez cette nuit, demain à quatre heures vous serez fusillé.... cela vous apprendra à écrire.... L'infortuné s'accrochant en désespéré à toutes les branches de salut, s'écrie : Mais la lettre n'est pas de ma main. — De qui est-elle ? — Du notaire. — Qu'on amène le notaire. Même interrogatoire, se terminant par la phrase redoutable : Vous vous confesserez cette nuit, demain à quatre heures vous serez fusillé.

Effectivement, le lendemain, à l'heure fatale, ces trois misérables furent sacrifiés derrière l'église, à la pâle lueur d'une lanterne : je les vis mourir. Je ne sais pourquoi cette lanterne me rappela celle qui éclairait le supplice du duc d'Enghien. Je ne sais ce que j'éprouvai, mais ce spectacle me fit mal : un plus épouvantable m'attendait pour le jour suivant.

Infortuné pays! que les peuples de l'Europe qui se croient opprimés, tyrannisés, malheureux, jettent les yeux sur l'Espagne, ils se croiront heureux.

L'Église de Villafranca. — Les femmes emplumées. — Exécutions à Cumbiers.

Notre marche a recommencé, et comme la veille, le soleil répand de gais rayons sur la terre, les chaumières vomissent leurs habitants sur le passage du Roi, les soldats répondent par de bruyantes saillies aux *vivat* mille fois répétés de la multitude; mais, comme la veille, je ne suis plus sous l'influence de riantes illusions. J'ai vu, en une seule page, se dérouler devant mes yeux toute l'histoire odieuse d'une guerre civile. Hélas! me dis-je, le Roi qui marche entouré de ces acclamations auxquelles il doit sourire, n'agite-t-il pas dans le fond de son cœur d'amères pensées, quand il réfléchit à quel prix lui sera vendue sa couronne? Ces malheureux paysans qui maintenant se réjouissent ne seront-ils pas, demain, punis par la mort, de leur indiscrète joie, lorsque nous serons loin d'eux? Ces soldats qui froidement sacrifient la vie de ceux qui se sont compromis pour la cause d'Isabelle, n'apprendront-ils pas bientôt à leur tour qu'ainsi on a massacré dans leurs villages leurs pères, leurs frères, sur un soupçon, sur la moindre preuve de trahison?

Mille pénibles idées se croisent dans mon esprit, et je ne remarque pas même le spectacle si beau qui s'offre à nous, d'une nature d'été dans une saison rigoureuse, lorsque subitement des coups de fusils se font entendre. Ah! tant mieux, si l'on tue des hommes, que ce soient au moins des hommes qui se défendent!

Notre colonne s'arrête, un aide-de-camp du général se détache et va en avant. Le feu redouble, l'ordre court de corps en corps de précipiter le pas en sortant d'un chemin boisé où nous allons entrer, et au bout duquel se rencontre Villafranca.

Cette petite ville, toute royaliste, était sous

la domination despotique de sa garnison, composée de quelques gardes nationaux *urbanos*,
et d'un peloton de *peseteros* ou partisans sou-
doyés d'Isabelle. Ces gens s'étaient, par des
travaux assez habilement dirigés, fait une espèce de fort de l'église, et principalement de
sa tour. C'est là, qu'après être sortis tout le
jour, pour exercer leurs déprédations dans le
pays, ils se retiraient chaque soir, ou lorsque
quelque danger s'annonçait. Des femmes, des
enfants vivaient avec eux dans ce repaire, objet
de la haine et de la terreur des populations
voisines.

Au premier son de la cloche qui les avait
prévenus de notre arrivée, ils s'étaient réfugiés
à la tour et avaient reçu à coups de fusil les
cavaliers de notre avant-garde. Vainement Zumala-Carréguy leur avait fait enjoindre de ne
pas tirer sur ses troupes et surtout sur le
groupe où se trouvait le Roi, s'ils ne voulaient
encourir un châtiment sévère; ils n'en avaient
pas moins continué leur feu, qui nous blessa
quelques soldats.

Le général irrité de l'audace de cette poignée d'hommes, jura de la punir en renouve-
lant le terrible exemp'e donné, peu de temps
auparavant, à Céniséro, dont l'église avec

3

sa garnison, avait été livrée aux flammes.

Nos deux petites pièces de canon, que nous avions amenées à dos de mulet, mises en batterie au premier étage d'une maison vis-à-vis de l'église, en firent promptement sauter les portes, tandis que nos tirailleurs, disséminés aux angles des rues, contrariaient, par un feu soutenu, celui de l'ennemi; bientôt l'ordre fut donné de préparer les matériaux d'un vaste bûcher. A cet ordre, vous eussiez vu la foule impatiente des habitants s'élancer rapidement dans les maisons, en sortir, hommes, femmes et enfants, chargés de bois, de paille, de résine, quelques-uns traînant jusqu'à leurs meubles et disputant aux soldats le droit de les porter au péristyle de l'église. Les dalles cependant retentissaient du choc des balles que faisaient pleuvoir les défenseurs de la tour. Vous eussiez entendu les cris insultants et moqueurs des assiégés, certains d'être secourus à temps; les rires, les éclats de joie des assaillants, certains de réussir dans leur entreprise, ou du moins, comme ils disaient, se promettant *una grande diversion* (un grand plaisir), d'enfumer un peu ces renards dans leur tanière.

Certes, à ces clameurs, à ce bruit, qui n'avaient encore rien de sinistre, vous eussiez dit de bons villageois qui préparent un innocent *feu de la St-Jean.*

Le reste de la journée se passa à attiser le foyer de l'incendie : vers le soir il devint immense. A dix heures, les gerbes de flammes et les tourbillons de fumée s'élevaient à une hauteur prodigieuse, le feu de nos tirailleurs augmentait. Bientôt un enfant et un homme blessés tombèrent de la tour, et vinrent se briser sur le parvis; les battants qui à demi-consumés soutenaient les cloches, les laissèrent tomber avec un bruit épouvantable.

Alors je fus témoin d'un spectacle véritablement affreux, d'une scène d'enfer, digne d'être dépeinte par le sombre génie du Dante.

Un brouillard humide et épais était descendu avec la nuit. Au milieu d'une profonde obscurité, on voyait apparaître l'antique tour embrasée, rejetant le feu par toutes ses ouvertures. De cette masse rouge et ardente s'élançaient des accents lamentables de femmes et d'enfants, d'horribles juremens d'hommes, des cris de rage, de désespoir, augmentant avec les progrès de l'incendie. Et nous, laissant désormais aux flammes le soin de notre vengeance, nous étions silencieusement étendus sur la terre, dans la place et dans les rues, où nous bivouaquions, crainte de surprise. Tous ces hommes endormis paraissaient un lugubre groupe de morts attendant le réveil du jugement dernier aux portes de l'enfer, laissant voir un de ses cratères.

A minuit les femmes et les enfants, n'ayant plus de forces pour résister, descendirent, se rendant à discrétion.

Zumala-Carréguy les attendait en bas et accueillait chacune des malheureuses femmes d'un coup de fouet, en les accusant (peut-être avec raison), d'être les principaux auteurs des vexations commises depuis longtemps dans le pays; puis prenant un air terrible, ordonnait, pour les effrayer, de les conduire au supplice et de les remettre aux mains des aumôniers de l'armée, qu'il avait fait appeler.

Si quelque chose eût pu nous distraire des tristes impressions que nous éprouvions et nous arracher un sourire, c'eût été la contenance embarrassée de ces bons aumôniers, retenant avec peine sous leurs bras ces femmes échevelées et délirantes de désespoir. Ils luttaient entre le désir bien naturel de rassurer ces infortunées sur leur sort et la crainte, en le faisant, de mécontenter le terrible Zumala-Carréguy.

Des offres de capitulation furent encore faites, cette nuit, pour la dernière fois, aux défenseurs de la tour, on leur promettait la vie sauve. Peut-être y auraient-ils accédé , mais leur commandant , jeune homme plein de résolution, jura, le pistolet au poing , de brûler la cervelle au premier qui parlerait de se rendre, assurant qu'il avait la certitude d'être secouru.

Ils ne se soumirent enfin que dans la matinée du lendemain.

Suffoqués, à demi-brûlés, ils se précipitèrent tout-à-coup, comme d'un commun accord , du milieu de ces pierres calcinées. Défaillants et comme hébétés, ils s'arrêtèrent sous le porche pour respirer avec avidité la fraîcheur de l'air, et n'opposèrent aucune résistance à nos soldats, qui s'emparèrent d'eux.

On les conduisit attachés dans une galerie de la maison qu'occupait le général ; je pus y pénétrer, et mes regards se portèrent avec curiosité et peine sur ces hommes échappant à une mort pour retomber dans une plus cruelle encore, la mort calme du supplice.

Remis de leur première stupeur, ils étaient rangés en une longue file, les bras croisés sur la poitrine, silencieux et promenant çà et là leurs regards sinistres ; leurs cheveux roussis et leurs figures plombées par l'action du feu, dénotaient assez le cruel martyre que leur avait fait souffrir leur fanatique constance. Rien, du reste, sur ces physionomies impassibles, n'annonçait la terreur, quoiqu'ils eussent déjà bien lu sur les nôtres et sur celle du général, la certitude du sort qui les attendait

Tous, nous avons lu ce livre horriblement vrai de Victor Hugo, ces pages brûlantes où le grand poète nous initie à toutes les secrètes et poignantes tortures qui rongent, aux derniers instants de son existence, l'âme, l'esprit, le cœur d'un condamné à mort. Plusieurs de nous aussi, nous nous sommes trouvés face à face avec ces hommes auxquels la justice humaine va arracher une vie souillée de crimes. Sans doute nous avons été troublés, émus d'un sentiment de terreur, de pitié, à la pensée de cet affreux supplice moral qui précède le supplice physique; cependant nous sommes certains que cette situation ne sera jamais la nôtre. Mais que l'on souffre bien autrement des maux de ses semblables, que leur douleur nous semble atroce lorsque l'égoïsme nous crie : Voilà comme toi tu pourrais aussi souffrir, pareilles douleurs te menacent...

Celte idée, que je pourrais un jour me trouver à leur place, me rendait plus vives les
émotions qui m'agitaient devant ces hommes
que nous avions vaincus. Car, quel était leur
crime? d'avoir été vaincus. Demain, ne pou-
vions-nous pas l'être à notre tour.

Je cherchais à étudier ce qui pouvait se
passer en eux. Cette apparente insensibilité,
était-ce l'anéantissement de la peur? Non; était-
ce l'expression de l'orgueil? Ces hommes, à
l'exception d'un, leur commandant, n'étaient
pas capables de ce sentiment élevé; était-ce
une confiance secrète dans quelques secours
imprévu de la Providence? Oui, sans doute, ils
voyaient encore luire quelques reflets d'espérance, de cette douce espérance, dernière illusion de la vie, qui accompagne un malheureux
jusqu'à la tombe. Effectivement, à un grand bruit
de tambours, de trompettes, de clameurs lointaines, les physionomies de ces pauvres victimes s'animèrent soudainement, leurs têtes se
relevèrent, ils écoutaient... quelques mots qui
circulèrent parmi nous et que je ne compris
pas d'abord, leur rendirent leur première atti-
tude; je m'aperçus même que leur commandant,
qui jusqu'alors avait semblé soutenir, de ses
regards hardis, ses compagnons d'infortune, se

tourna vivement contre la muraille et essuya quelques larmes à la hâte : tout son courage semblait l'avoir abandonné.

Cependant le bruit que nous avions entendu s'approchait ; je sortis et me trouvai, avec un serrement de cœur inexprimable, vis-à-vis de quelque chose sans nom, devant un véritable tableau du XIe siècle ; mais non, car alors l'Espagne était le berceau des plus galants chevaliers de la chrétienté.

Les malheureuses prises dans la soirée de la veille, avaient été dépouillées de leur chevelure, le plus cher et le plus bel ornement des Espagnoles ; puis enduites d'une forte couche de miel, puis roulées dans des plumes, puis revêtues de quelques sales haillons et enfin hissées sur des ânes. Dans ce hideux état, elles avaient été livrées aux huées, aux insultes, aux coups d'une soldatesque et d'une populace toujours cruelles, on le sait. Des tambours et des trompettes précédaient le cortége, appelant de toutes parts l'outrage. En tête s'avançait une femme bien jeune et bien jolie, pauvre enfant de 19 ans, unie depuis peu de jours à ce commandant du fort que je venais de voir pleurer; je compris ses larmes! Sa figure douce et aimable portait l'empreinte de la résignation et d'une terreur profonde; ses yeux noirs et expressifs étaient inondés de pleurs. Elle aussi, souffrait doublement, car elle connaissait le sort de son mari.

A elle, du moins, sa beauté lui sauvait les injures et les pierres qui pleuvaient sur ses compagnes.

Ce supplice dura deux heures, après quoi elles furent mises en liberté.

Nous sortîmes bientôt de Villafranca et défilâmes au milieu du silence de la population, qui, en nous voyant partir, regrettait un peu ses excès enthousiastes de la veille, et attendait déjà avec effroi les représailles du lendemain.

Nous traînions à notre suite les prisonniers, qui ne devaient être fusillés que deux jours après. Ce fut à Lumbiers qu'eut lieu leur exécution.

Ne voulant pas en être témoin ni même entendre les coups de fusil, j'avais dirigé ma promenade hors la ville. En y rentrant, j'aperçus un groupe nombreux d'officiers, je m'approchai, un homme se tenait au milieu, et, avec beaucoup de sang-froid, parlait du juste châtiment que l'on venait d'infliger à des rebelles; tous l'écoutaient avec attention. Cet homme

était le père du commandant de Villafranca !
Je m'éloignai et, par une fatalité inconcevable,
je rencontrai d'autres officiers qui paraissaient
discuter sur la beauté d'une *Zamarra* ; je regar-
dai, cette veste était criblée de balles,... c'était
la veste du commandant de Villafranca, et,
celui qui la montrait, et ne semblait s'occuper
que du dégât que les balles y avaient fait, était
son frère, qui servait dans nos rangs. Ce père
et ce frère sont morts depuis, l'un fusillé par
les christinos, l'autre sur un champ de bataille.

Je renonce à exprimer ce que j'éprouve en
me rappelant de pareils souvenirs. Je ne puis
que dire, comme le tragique anglais : *Horreur !
horreur ! horreur !*

Cependant, croyez-le, nous étions encore
bien en reste de cruauté avec nos ennemis.
Quelle guerre !...

A l'appel de midi, tous les bataillons étaient
formés en carré à l'entour de la place, quelque
chose d'extraordinaire se préparait.

La peine de mort avait été décrétée contre
quiconque entrerait avec des vivres dans les
places de guerre occupées par l'ennemi. Une
cinquantaine de paysans, allant y vendre leurs
denrées, avaient été surpris en flagrant délit ;

mais Zumala-Carréguy avait ordonné qu'on les fit seulement passer par les baguettes. On allait exécuter la sentence ; on amena ces pauvres diables tout frissonnants de terreur. Un tambour renversé était au milieu de la place. Chaque patient, dépouillé jusqu'à la ceinture s'accroupissait à son tour sur cet appui et était frappé à coups redoublés par huit caporaux armés de baguettes grosses comme le canon d'un fusil.

C'était pitié d'entendre les cris déchirants de ces malheureux dont le sang ruisselait, dont les membres se contractaient de douleur, et qu'on relevait parfois privés de connaissance.

Vers le soir, le Roi passa en revue quatre bataillons arrivés le matin, et qui allaient, sous les ordres du général Eraso, tenter en Aragon une expédition qui ne réussit point. Ces bataillons portaient, au milieu de leurs rangs, un immense drapeau noir sur lequel était brodé en blanc la figure d'un squelette. Maintenant je comprenais ce drapeau.

Déroute de La Sarta. — Le champ de bataille.—Affaire du pont d'Arquijas.

Le 11 décembre, j'assistai pour la première fois à un combat, et ce jour-là précisément pour la première fois, les troupes royales acceptèrent les conséquences d'une bataille rangée.

De Lumbiers nous étions rentrés, à marche forcées, par les montagnes de Pampelune, dans l'intérieur de la Navarre. Sur la nouvelle que pendant notre absence quinze à dix-huit mille hommes, sous les ordres de Cordova, lieutenant de Mina, menaçaient d'envahir les Amescoas. Ce général se contentant de nous avoir, par cette diversion, rappelés de la Rivéra, ne songea plus qu'à aller prendre ses cantonnements à Vittoria, pour y passer les fêtes de Noël et les premiers mauvais jours, qui déjà s'annonçaient par des neiges à la montagne.

Zumala-Carréguy qui, depuis quelque temps manifestait le désir d'essayer son armée en ligne, alla se mettre sur l'un des deux chemins que l'enemi devait suivre, résolu à lui disputer le passage. Cordova accepta cette espèce de défi, il le pouvait, avec des forces triples des nôtres.

Nous prîmes position dans une vallée longue et encaissée en avant du petit village de La Sarta, qui a donné son nom à cette affaire.

Nos troupes furent ainsi distribuées : au centre de la plaine le 1er, 3e, 4e et 10e de Navarre, le 2e de Guipuscoa et cinq cent cinquante chevaux, aux ordres d'Ituralde ; à droite, s'appuyant sur des hauteurs boisées, les quatre bataillons alavais de Villaréal ; à gauche, les Guides, le 6e de Navarre et le 1er de Guipuscoa, sous le commandement immédiat de Zumala-Carréguy.

Le général craignait que Cordova, une fois en bataille devant nous, ne cherchât tout d'abord à s'emparer, grâce à l'étendue de sa ligne, des montagnes escarpées de notre gauche, qui devaient nous servir de retraite en cas de défaite ; il avait donc l'intention d'attaquer brusquement par un mouvement de conversion sur la droite, au moment même où l'ennemi déboucherait par le chemin de Los Arcos, sans lui laisser le temps de s'étendre à notre front. Notre aile gauche devait nécessairement, on le voit, donner la première et décider le succès de l'attaque, par la rapidité de son mouvement de flanc.

Zumala-Carréguy y avait placé trois bataillons d'élite et s'était choisi pour lui-même ce poste important.

Deux jours, nous restâmes dans ces positions, le troisième jour, le général pensant que Cordova renonçait à son projet d'attaquer, et prendrait le chemin de Logrôno, nous fit replier à La Sarta. Les armes étaient en faisceaux, les officiers, les soldats répandus dans les maisons et les cantines, dormaient la *sieste* ou parlaient avec mépris, le verre à la main, de la lâcheté de l'ennemi à laquelle sans doute, plusieurs, les plus bruyants, rendaient grâces au fond du cœur. Assis à une table d'auberge, en compagnie d'un compatriote, le jeune de Barrez, je faisais gaîment avec lui, en dînant, cette même remarque, lorsque peu avant quatre heures, la générale et des cris : Les voilà ! les voilà ! se firent entendre. Je sentis, pauvre novice, et j'en conviens, un frisson courir par tout mon corps. Barrez habitué à ces émotions, se leva, et me tendant la main en souriant, me dit : Allons, tâchons de ne pas encore mourir aujourd'hui; à ce soir... Infortuné Barrez, c'était la dernière fois que je devais lui presser la main.

Chacun courut au poste qu'il avait occupé les jours précédents. Malheureusement, Zumala-

Carréguy crut devoir prendre le commandement du centre de l'armée et abandonner à
Ituralde celui des trois bataillons destinés à
opérer sur la gauche.

On apercevait seulement quelques cavaliers
galopant sur les hauteurs dans la direction du
chemin de Los-Arcos ; bientôt nos yeux distin-
guèrent de grandes masses noires, nous entendîmes le bruit des musiques et des tambours.
L'armée ennemie vint se grouper au bas de
l'hermitage de San-Gregorio et commença à
vouloir s'étendre dans la plaine.

C'était le moment pour Ituralde de précipiter l'attaque, comme le lui avait formellement
prescrit Zumala-Carréguy. Il hésita et se con-
tenta de lancer deux Compagnies des Guides en
tirailleurs. Le feu commença... Le premier coup,
je crois, fut pour le pauvre Barrez, qui, marchant
en brave en tête de la *guerille*, tomba mort à
notre vue, frappé de deux balles.

Cordova jugeant bien , selon que l'avait
prévu Zumala-Carréguy que nous n'avions pas
pu disposer d'assez de forces pour couvrir les
montagnes où s'appuyait notre gauche, et com-
prenant l'importance de ces positions, nous
entretint quelque temps par le feu de ses
tirailleurs et de son artillerie, et par des ma-

nœuvres de sa cavalerie , faisant filer promptement derrière ses deux mille chevaux quelques bataillons, qui furent prendre un sentier de la Cordilière près de Piédra Milléra. Ce bourg aurait dû être couvert par le mouvement recommandé à Ituralde; celui-ci reconnut alors la faute irréparable qu'il avait commise par son hésitation , il ordonna à don Pablo Sans d'aller avec son bataillon occuper les hauteurs, s'il en était temps encore, ou d'essayer d'en débusquer l'ennemi.

Avec quel plaisir j'entendis donner cet ordre ! Non pas que je fusse dans ce moment, croyez-le bien, plus avide qu'un autre de dangers; mais cet état d'attente, d'inaction, m'étaient insupportable. Je ne saurais dire à présent ce qui se passait en moi, quelque chose de confus tourbillonnait dans mon esprit; ces préludes de combat, le malheur de mon camarade Barrez, l'aspect imposant des masses ennemies, l'ignorance où j'étais de ce que c'était que la vue de la mort, se présentant en face : tout cela m'agitait d'une singulière façon ; enfin, je voulais savoir si j'aurais peur, si j'étais un lâche , si mon cœur m'avait trompé en me faisant prendre l'épée pour la cause de Charles V.

Je me rappelai que, Français, j'avais à soutenir l'honneur de ce nom sur la terre étrangère; je me confiai à Dieu, et je marchai hardiment avec mon intrépide bataillon.

N'écoutant que notre ardeur, nous parvînmes à travers les rochers, à l'aide de nos genoux et de nos mains, jusqu'au sommet de la montagne; mais à peine avions-nous pu former nos compagnies, que nous fûmes reçus presqu'à bout portant par une effroyable décharge, qui nous renversa beaucoup de monde et mit le désordre dans le bataillon. Il me semble encore voir tomber nos pauvres volontaires. La position était occupée par l'ennemi. Sans parvint cependant à rallier nos soldats, surpris dans le premier moment, et essaya une charge désespérée à la baïonnette, pour dégager les blessés : nous les enlevâmes, mais pressés par des forces considérables, nous n'eûmes plus de salut que dans la fuite. Nous nous jetâmes au versant opposé de la montagne, espérant, par un détour, aller reprendre les derrières de notre armée.

Bientôt le bruit de la fusillade et les sourdes clameurs qui allaient toujours en pénétrant dans l'intérieur de la vallée où se donnait le combat, ne nous permirent plus de douter que les nôtres ne fussent en pleine déroute. Effectivement la bataille était bien perdue.

A la vue du 6ᵉ de Navarre dispersé sur la hauteur, la panique se mit dans les Guides et le 1ᵉʳ de Guipuscoa; ces deux bataillons lâchèrent pied. Notre centre qui, sous la conduite de Zumala-Carréguy, s'était avancé avec résolution et avait culbuté les premiers régiments qui lui avaient été opposés, se vit tout-à-coup dans une situation critique, menacé d'être enveloppé à sa gauche qui se trouvait dégarnie, et à sa droite, d'être débordé par la cavalerie ennemie; réunie depuis quelques moments sur ce point, elle ne pouvait déjà plus être contenue par Villaréal, se repliant en bon ordre avec ses Alavais. L'ardeur de l'ennemi augmentait, à mesure que celle de nos soldats disparaissait. Alors Zumala-Carréguy, après avoir donné l'ordre de battre en retraite, chargea à la tête de notre cavalerie, et refoula un instant les masses qui l'attaquaient de front. Repoussé vivement à son tour, il parvint par son ascendant à rallier nos cavaliers et à les ramener en avant une seconde fois, c'était le dernier effort. Bientôt le désordre se met parmi eux; ils fuient entraînant le général, dont le cheval est blessé; mais déjà notre infanterie était sauvée. Tous nos montagnards avaient, grâce à leur legéreté, gagné rapidement du terrain. Les paysans des environs

étaient hardiment accourus, s'offrant pour porter les blessés et guider la fuite par les sentiers
cachés, jusqu'à Narcué, où nous nous retrou-
vâmes tous à la nuit. Notre cavalerie vint nous
rejoindre par le fond de la vallée; à peine si celle
de l'ennemi avait osé la poursuivre.

Amoncelée dans Narcué et les autres petits
hameaux environnants, notre armée de fuyards
ne présentait plus que l'image du désordre.
Les cris inquiets des soldats appelant, dans
l'obscurité, leurs amis absents, dont quelques-
uns ne pouvaient plus répondre; les juremens
des cavaliers, disputant pour leurs chevaux
quelques tas de paille aux fantassins qui en
avaient fait leurs lits; les menaces des officiers
voulant en vain rétablir la discipline méconnue;
les gémissemens des blessés déposés devant
les portes des maisons encombrées; des torches
embrasées, courant çà et là; les roulemens des
tambours appelant les chefs de corps au logis
du général; la marche précipitée et mystérieuse
des paysans allant observer les mouvemens de
l'ennemi : tout était d'un effet saisissant.

Le cœur oppressé, l'imagination abattue,
bien persuadé que tout était fini et que le lever
du jour n'éclairerait que l'entière dispersion
de nos soldats, je me jetai, enveloppé dans

mon manteau, au coin d'une cheminée dont le feu se projetait tristement sur un malheureux, traversé de part en part et agonisant à mes côtés. La fatigue m'accablait, je m'endormis d'un profond sommeil, jusqu'au lendemain.

Au petit point du jour, la diane nous réveilla comme de coutume, et les aides-de-camp du général faisant évacuer les maisons, nous dirigèrent dans un champ voisin.

Zumala-Carréguy y était déjà à cheval; sa voix calme et sévère, si connue de tous, distribuait des ordres et imposait au loin le silence; les blessés défilaient du côté des Amescoas. Les rations apportées durant la nuit étaient prêtes. Chacun, à l'appel de son commandant, allait se réunir à son corps : on y faisait la liste des absents, qui était immédiatement remise au général lui-même; puis, à mesure qu'ils étaient au complet, les escadrons et les bataillons prenaient le chemin de Zuniga, village rapproché du pont d'Arquijas, où nous allions une seconde fois attendre l'ennemi.

M. de Talleyrand a dit, que tout le secret de la résistance héroïque que firent les Espagnols aux efforts de Napoléon, consista dans la répétition de ces deux mots magiques : *Que importa !* Qu'importe.

En effet, ce qu'il y a d'admirable chez les Espagnols, c'est cette persévérance avec laquelle ils mènent à fin l'œuvre qu'ils entreprennent, sans se laisser abattre par les revers.

Le *que importa !* était un talisman pour les soldats de Zumala-Carréguy, comme il l'avait été autrefois pour les guérillas de *Mina*. Toutes les figures sur lesquelles je cherchais vainement à lire le découragement ou la tristesse, portaient leur cachet ordinaire de gaîté, d'insouciance et d'audace ; on ne se souvenait plus de la veille, les absents étaient déjà oubliés..... On est si égoïste à la guerre ! En vérité, il aurait fallu bien peu de chose pour convaincre ces gens qu'au lieu d'avoir été vaincus, ils avaient été victorieux.

J'enviais leur joyeuse sérénité, mais j'étais loin de la partager. J'étais comme un misérable acteur sifflé à son début sur un théâtre. Puis les impressions douloureuses que mon âme encore neuve avait reçues, pesaient trop vivement sur elle. Outre la mort de Barrez, j'avais eu à déplorer celle d'un autre compatriote. M. de Lamidore, lieutenant-colonel de cavalerie, avait été tué dans la déroute , à coups de lance, au moment où abattu de son cheval, il demandait quartier à un ennemi impitoyable. Ce matin, encore , j'avais éprouvé un véritable chagrin : un polonais, arrivé depuis peu de jours, et lieutenant au 6e de Navarre, avait manqué à l'appel. Ce jeune homme m'avait singulièrement intéressé.

Compromis , l'un des premiers, dans l'insurrection de la Pologne , lors du soulèvement du collége des cadets, à *Varsovie*, il avait été plus tard la principale cause du malheur de sa famille , exilée en Sibérie ; il espérait en venant verser son sang pour la cause de la légitimité , en Espagne , se faire un noble mérite à la clémence de l'empereur de Russie.

Comme il était étranger , les Espagnols ne manquèrent pas de dire qu'il était passé à l'ennemi. Moi seul, je lui rendis la justice de croire qu'il était mort.

J'ai toujours été violemment ému chaque fois que les marches m'ont amené sur le champ de bataille de La Sarta. Longtemps j'éprouvai le désir de pouvoir un jour le parcourir à mon aise , seul avec mes pensées et les souvenirs qu'il réveillait en moi.

Je ne pus satisfaire cette envie que plusieurs mois après. Mon bataillon avait passé la nuit à Piédra-Milléra. Je sortis, au point du jour, le cœur plein d'une mélancolie qui n'était pas sans charmes, et me préparant d'avance à la triste vue des ossements blanchis que j'allais fouler sous mes pieds. Mais déjà le printemps était venu! Sur la montagne, des tapis de vertes bruyères, des touffes de genêts en fleur avaient changé l'aspect des lieux où nous nous étions battus... Plus de bruits de mort rejetés au loin par les échos; les oiseaux seuls chantaient sous la feuille humide des chênes; dans la vallée, les jeunes blés cachaient d'un riant manteau la place des sépultures; le chant joyeux du coq se faisait entendre dans les chaumières voisines; des laboureurs, de jeunes filles se rendaient en riant à leurs travaux du matin, et quelques insouciants muletiers chantant des *coplas*, dirigeaient sur la route de Los-Arcos, le pas lent et mesuré de leurs mules au long cou chargé de sonnettes.

Je me rappelai alors ces beaux vers de Lamartine :

> Accourez maintenant, amis, épouses, mères,
> Venez compter vos fils, vos amants et vos frères,
> Venez sur ces débris, disputer aux vautours,
> L'espoir de vos vieux ans, le fruit de vos amours...
> Que de larmes sans fin sur eux vont se répandre,
> Dans vos cités en deuil que de cris vont s'entendre !
> Avant qu'avec douleur la terre ait reproduit,

Misérables mortels, ce qu'un jour a détruit!
Mais au sort des humains la nature insensible
Sur les débris épars suivra son cours paisible.
Demain la douce aurore en se levant sur eux
Dans leur acier sanglant réfléchira ses feux;
Le fleuve lavera sa rive ensanglantée,
Les vents balayeront leur poussière infectée,
Et le sol engraissé de leurs restes fumants,
Cachera sous des fleurs leurs pâles ossements.

Cordova, selon la coutume des généraux espagnols qui ne savent jamais profiter de leurs victoires, et qui en sont réellement plus embarrassés que d'une défaite, avait perdu une journée entière à faire reposer ses troupes et à rédiger de pompeux bulletins sur la destruction complète des rebelles. Ce ne fut que le surlendemain qu'il se présenta au pont d'Arquijas, à deux lieues seulement du champ de bataille de La Sarta.

Le pont d'Arquijas, pour la possession duquel on a répandu, à deux reprises, tant de sang, n'a que quelques toises de longueur, et est jeté dans un endroit sauvage, sur un torrent. Il ferme l'entrée d'une gorge derrière laquelle s'ouvre la première vallée d'Alava, la plaine de Santa-Crux-de-Gampezo, et fait face au chemin de Navarre, montant en rampe jusqu'à une vaste esplanade boisée, au milieu de laquelle s'élève tristement une de ces églises isolées, appelées en Espagne *hermitas.*

Ce fut sur ces hauteurs, autour de ce temple solitaire, que les forces ennemies vienrent former leurs masses d'attaque.

Cordova, fier de sa victoire de l'avant-veille, et pensant qu'il n'aurait à lutter qu'avec des hommes découragés, résolut de tenter brusquement le passage en lançant sur le pont une; colonne épaisse de ses meilleurs régiments. Ses seconds généraux, Oraa et Lopez, devaient essayer de nous tourner en passant l'un sur notre gauche, par le Val de Lana, l'autre sur notre droite, du côté de Santa-Crux.

Prévenu par ses nombreux espions, du mouvement et des intentions de l'ennemi, Zumala-Carréguy nous avait, dès le matin, tous amenés à Zuniga, et, s'entourant des chefs des différents corps :

« Messieurs, leur avait-il dit, de manière à être entendu des troupes formées en carré, les armées du Roi, notre seigneur, ont reçu avant-hier un échec que nous devons réparer aujourd'hui. Avant-hier vous avez tous montré du courage, aujourd'hui il nous faut plus que du courage, il nous faut la victoire!! »

Puis, se tournant vers le sixième bataillon de Navarre, que l'armée accusait un peu d'avoir occasionné la défaite :

« Le 6ᵉ bataillon est un brave bataillon, sur lequel je compte. Pour lui en donner la preuve, je veux qu'il reste à mes côtés aujourd'hui. Si les rebelles parviennent à passer le pont d'Arquijas, c'est à sa tête que je les refoulelerai de l'autre côté, à la baïonnette!.....» Et les soldats du 6ᵉ de crier avec enthousiasme : Vive le général.

Il y avait du Napoléon dans tout cela.....

Ituralde et Villaréal partirent pour tenir tête aux divisions d'Oraa et de Lopez.

Les Guides et le 4ᵉ de Navarre se placèrent à la tête du pont, sur les côtés duquel furent disséminés quelques compagnies de tirailleurs, et un peu en arrière, à l'entrée de la vallée, le reste de nos troupes, avec la cavalerie, se tint embusqué près des premières maisons de Zuniga.

On se battit avec fureur, le pont fut pris un instant, puis il fut repris par les Guides, qui se couvrirent de gloire. Un bruit de mousqueterie tel que je n'en ai jamais entendu se mêlait à des cris plus féroces que d'ordinaire. L'acharnement de la lutte s'annonçait par deux immenses

files de blessés, se détachant des deux extrémités du pont, l'une pour descendre à Zuniga,
l'autre pour remonter à l'hermitage où étaient
les ambulances de *Cordova*.

Ce jour-là je pus juger de l'influence prodigieuse qu'exerçait Zumala-Carréguy sur le
soldat.

Tous les blessés passaient devant lui; quoiqu'occupé à donner des ordres et à suivre l'action, il trouvait cependant des paroles pour
chacun d'eux. Aux soldats, il donnait de l'argent, aux officiers, des éloges, des consolations.

Tous affectaient un air tranquille, malgré leurs douleurs, et saluaient le général.
A son aspect, j'ai vu plus d'un malheureux
horriblement mutilé et porté moribond sur un
brancard, trouver la force de se soulever et de
sourire, afin que Zumala-Carréguy pût lui jeter
ces mots : Tu es un brave.

Cependant la nuit s'approchant, le vent du
nord soufflait, roulant sur nos têtes de gros
nuages chargés de neige. Cordova, découragé,
se décida à rappeler Oraa, qui, de son côté,
n'avait pu gagner un pied de terrain.

Tous deux prirent alors la direction qu'avait
suivie Lopez. Par un long détour, ils arrivèrent

à Santa-Crux avec leurs divisions frappées d'une démoralisation complète.

Zumala-Carréguy ne les inquiéta plus dans leur marche; il avait atteint le seul but qu'il s'était proposé, de relever la confiance de ses soldats, qui aurait pu être ébranlée par l'échec de La Sarta, et de faire pâlir l'éclat de la victoire de Cordova.

Effectivement nous apprîmes que cette même nuit, plusieurs soldats ennemis désertèrent et se sauvèrent jusqu'à Madrid, où, exagérant pour se mieux justifier, le succès que nous avions obtenu à Aquijas, ils ne parlèrent rien moins que de la destruction entière de l'armée d'Isabelle.

Ces nouvelles, arrivées en même temps que le bulletin emphatique de Cordova, anéantirent tout son effet, et firent dessécher les lauriers que la capitale préparait au grand exterminateur de la faction carliste.

Une nuit de garde.

Nous étions aux fêtes de Noël; je me trouvais de garde avancée avec vingt-cinq hommes, sous le porche d'une ancienne église, à l'entrée d'un village. C'était une de ces nuits d'hiver que la superstition crédule et l'imagination des faiseurs de ballades peuple de fantômes et de choses surnaturelles. Tourbillonnant par moment aux rafales d'un vent froid et humide, une neige fondue tombait lourdement d'un ciel obscur. Mes soldats, se rapetissant dans leurs *mantas*, formaient le rond autour d'un feu dont les lueurs pâles et blafardes éclairaient, à travers des flots de fumée, les figures des saints et les ornements gothiques dont la dévotion du 13e siècle avait bizarrement orné le vieux portique. Les uns fumaient d'un air grave le *cigarrito*, les autres, aux sons d'une guitare, chantaient sur un ton monotone et traînant, les airs mélancoliques de la Navarre, qui ressemblent à une psalmodie sacrée.

Enveloppé de mon bon manteau, ce fidèle compagnon du militaire, je me promenais à grands pas, j'observais en silence ce tableau, quand un Navarrais à la figure arrogante, joyeux compagnon, hardi soldat et beau diseur, se levant s'écria : *por dios! caballeros*, pour Dieu, Messieurs, avez-vous donc l'intention de passer ainsi la nuit. Allons, de la gaîté, ou le froid va nous gagner; demain, don Carlos n'aura plus pour défenseurs que des hommes de neige gelée, comme ceux que je faisais dans mon village, lorsque je polisonnais, avant d'être soldat du Roi..... Voyons, toi, l'Andalous, parle-nous, pour nous échauffer, du soleil de ton pays, et chante-nous, pour nous faire rire, tes chansons de bohémiens. — Et ses yeux se portaient sur un pauvre jeune homme dont tout le corps grelottait et dont les traits, quoiqu'empreints d'une mâle beauté, exprimaient le découragement.

C'était un de ces prisonniers auxquels Zumala-Carréguy avait accordé la vie et qui avaient pris rang parmi nous.

L'enfant des bords heureux du Guadalquivir, relevant tristement la tête, répondit avec un sourire amer :

« Ami, il est bien loin d'ici, le soleil de ma patrie. » Bientôt s'animant au souvenir de cette patrie, il ajouta avec feu : « Ah ! quand viendra le moment où je pourrai la voir, mon Andalousie adorée, *mi adorada Andalucia*, où nous pourrons tous le voir, ce jardin de l'Espagne, et y promener la bannière du Roi. Là, je vous le jure, naît tout ce que Dieu peut répandre de bon sur la terre. Alors, mes amis, plus de ces pénibles marches au milieu des cailloux de la montagne, qui ensanglantent les pieds; plus de ces horribles faims qui nous déchirent parfois, quand la ration n'est pas venue à temps; plus de nuits longues comme celle-ci, avec ce froid qui glace jusqu'à notre âme. Mais, sous un ciel toujours pur, de riantes promenades, sur une terre douce comme un tapis, sur des chemins bordés de fleurs et de fruits. Et quand viendra le soir, le repos, le sommeil aux douces brises qui descendent de la Sierra-Moréna et s'embaument en passant sur les bois d'orangers. A nous les lits moelleux dans les maisons bariolées, luisantes comme les belles onces d'or du Roi! A nous les vins de Jérez et de Malaga! A nous les jolies filles aux petits pieds, à la taille légère, aux yeux pleins d'amour.

« Car, croyez-le bien, mon officier,»— il s'apercevait que je l'écoutais, elles sont si jolies, les filles de mon pays, de *mi tierra*, que vous, qui avez sans doute bien voyagé, vous n'en avez sûrement pas rencontré d'aussi ravissantes dans l'univers entier. Elles sont si jolies que l'on serait tenté de se mettre à genoux devant elles comme devant l'image de la vierge, si ce n'était une impiété. Que les balles vous épargnent dans cette maudite guerre, mon officier, et plus tard vous rendrez grâce à Dieu de ne pas vous avoir laissé mourir avant d'avoir goûté les plaisirs de notre heureuse terre de Séville. Voyez-vous, dans nos fêtes, vous êtes assis à l'ombre des grands arbres, les cloches de l'église sonnent joyeusement au dessus de votre tête, vous fumez l'excellent cigarre de la Havane, ou bien vous buvez de l'eau glacée de limon. Et voilà que de toutes parts vous voyez arriver, sur leurs beaux chevaux harnachés de leurs belles housses flottantes, les *majos* du voisinage, avec leur long chapeau orné de rubans et leurs riches habillements tout couverts de boutons d'or et d'argent. Ils ont en croupe, un bras passé autour de leur ceinture, nos jeunes filles avec des basquines brodées, des bas de couleur, qui dessinent leurs jambes effilées, et des roses posées dans les cheveux. Quelles sont belles ainsi, nos jeunes filles! Les guitares et les flûtes préludent, le *bolero* commence, vous vous mêlez aux danses, et si les grands yeux noirs d'une *maja* se lèvent mystérieusement sur vos yeux, vous attirez doucement la belle dans un bosquet d'orangers; là vous lui dites que vous l'aimez, et elle vous répond des paroles si suaves que vous croyez entendre la muside *una romanza.* » Eh bien! lui dis-je, chante une de ces *romanzas* de ta patrie.

Il prit la guitare et commença un chant composé dans un de ces rhythmes pleins d'originalité qui, plus d'une fois, ont fourni des inspirations au génie de Rossini. Tout ce que l'imagination riche et les passions brûlantes du midi peuvent créer d'expressions poétiques et amoureuses était versé à grands flots dans ce chant populaire.

J'étais dans le ravissement et j'écoutais ce pauvre soldat comme j'aurais écouté Litz ou Lamartine; mais la jalousie sauvage des Navarrais s'était réveillée. Parbleu! (je change le mot), dit un vieux sergent, en jetant dans le feu le reste de son cigarre éteint, nous ne sommes pas dans un temps d'amour, mais de guerre; au lieu de nous parler de tes oranges et de tes belles filles de Séville, qui ne valent pas, j'en suis sûr, nos fruits et nos filles de Lodosa, Andalous, tu devrais nous raconter la manière glorieuse dont ton belliqueux pays reçût les soldats de Napoléon. — Le pauvre troubadour déposa la guitare et ne répondit rien, et notre sergent de raconter, au milieu des rires approbateurs de l'assemblée, l'éternelle histoire que jette, à tout propos, le reste de l'Espagne à la tête de la fanfaronne *Anda-lousie.*

Je vous ferai grâce des détails dont là malice de l'inexorable narrateur embellissait le récit :

Quand les Français se présentèrent pour envahir l'Andalousie, soixante mille volontaires de cette province se réunirent à Séville. Cette armée sortit de la ville, pour aller chercher l'ennemi, aux acclamations patriotiques des jeunes filles, promettant de douces récompenses aux futurs vainqueurs qui, en retour, promettaient de rapporter les oreilles de tous ces coquins de Français. Bientôt, le danger approchant, l'ardeur guerrière diminua, on envoya des parlementaires qui protestèrent du désir de fraterniser avec les Français. Bref, on revint à Séville sans les oreilles promises, et comme les femmes les demandaient : « Par S. Jacques ! leur répondit-on, croyez-vous donc que nous allions nous battre avec une armée composée de sergents-majors ? »

Il faut dire, pour expliquer ceci, que dans les régiments espagnols, les seuls sergents-majors peuvent porter les deux épaulettes de laine qui font partie de l'uniforme des simples soldats français.

Après avoir majestueusement recueilli le

murmure flatteur de ses auditeurs, le sergent alluma un cigarrito et continua ainsi :

« Il est vrai qu'il fallait du courage pour résister à ces *gavachos* endiablés et à leur empereur, qui était presqu'aussi bon guerrier que notre Zumala-Carréguy. Mais la Navarre a eu ce courage, et si l'Espagne a conservé sa glorieuse indépendance, elle le doit surtout à la Navarre, après Dieu cependant et notre dame du Pilar, qui nous protégeaient. Grâce au Ciel, nous avons vu la fin de cette infernale guerre, que vous n'avez pas connue, vous autres jeunes gens, comme moi qui était de la *guerilla* de Mina. Je ne sais pas quand nous pourrons en dire autant de celle-ci. Dieu a abandonné l'Espagne, il se soucie autant de nous, je crois, que je me soucie d'une vieille *espardille*. C'est justice, car nous nous battons maintenant entre frères. »

« Vous avez tort de douter de la protection du Ciel, reprit, en donnant un air de mystère à sa face joyeusement épanouie, un soldat autrefois frère laye dans un couvent : le ciel nous aide, car il punit les mauvais Espagnols qui se sont soulevés contre le Roi et la religion. Vous ne savez donc pas ce qui se passe à Arantzazu ? Vous n'ignorez pas que ce fut l'infâme Rodil qui fit brûler ce magnifique couvent vénéré de tout le Guipuscoa. Ce général impie, après avoir perdu le commandement de l'armée que *el tio Tomas* [*], lui a si bien secouée, s'était embarqué pour l'Amérique. Eh bien! il paraît que par punition de ses crimes, il a été englouti dans une grande tempête, et depuis ce temps-là, toutes les nuits on entend des cris lugubres autour des ruines d'Arantzazu, et l'on voit un homme noir sur un cheval blanc qui galoppe sur les rochers, et demande aux chrétiens des prières pour l'âme de *Rodil*, qui est en purgatoire. S'il n'a pas été en enfer, c'est uniquement parce qu'il a épargné la statue miraculeuse de la vierge, qu'il nous a envoyée à Onate. »

Certaines situations poétiques, au milieu desquelles notre imagination aime à se transporter lorsque nous lisons un roman, perdent beaucoup de leur attrait, lorsqu'on y joue un rôle véritable, qu'on en est le héros et que pèse sur vous tout le positif de la réalité. Quelques charmes que j'éprouvasse à observer, prise sur le fait, la nature originale des mœurs

---

[*] Surnom donné par les soldats au général Zumala-Carréguy.

militaires, des idées et des superstitions de nos
montagnards, je n'en étais pas moins sensible
aux atteintes du froid et de l'humidité, qui aug-
mentaient à mesure que nous entrions plus
avant dans la nuit. J'envoyai demander la clé
de l'église, et je m'étendis près d'un pilier de
la nef encore chaude des émanations de la foule
qui avait assisté aux offices du soir. Mais vainement j'appelai le sommeil. Malgré tous mes
efforts, je dus me laisser aller au courant des
pensées mélancoliques qu'excita en moi la triste
solitude du lieu où je me trouvais. Je ne sais
pourquoi je me pris à jeter un long regard sur
mon existence passée et sur son singulier en-
chaînement.

Je vis poindre dans mon accablante médita-
tion l'aurore de ma vie, alors que la vigilance
inquiète d'une mère éloignait de mon faible
corps la souffrance et le danger, alors que,
petit enfant, à la même époque qu'aujourd'hui,
j'écoutais avidement, au milieu des serviteurs
de la maison, devant la bûche bénie de Noël,
les récits de la nourrice ou du vieux garde. Je
voyais ensuite passer les jours de ma première
jeunesse, ces jours du collége, semés de peines
légères et de grandes joies, et dans le culte paisible des sciences, ces innocents triomphes

qui font rêver à la famille pour l'enfant couronné, des succès et du bonheur qui souvent n'arrivent pas.... L'automne n'apporte pas toujours les fruits promis par le printemps. Puis je me voyais entrant joyeusement dans le monde, y déployant la voile de l'espérance sur cette mer féconde en naufrages, effeuillant çà et là ma couronne d'adolescence, me jouant avec de fols amours aussi fragiles que le fil de la Vierge, qu'a tissus dans nos campagnes la main de l'aurore. Puis venait le temps des orages, de bruyants plaisirs traînant après eux de tardifs regrets; puis les folies, les excès qui parfois gâtent la vie pour toujours, les révolutions, les changements de fortune qui brisent les existences, et enfin, quand le dégoût, la fatigue, les soucis planent sur le cœur blasé, de leurs ailes de plomb, le besoin de s'étourdir, de s'élancer hors de la sphère où la Providence avait marqué votre place, le besoin de se jeter dans des entreprises lointaines, extraordinaires, audacieuses, qui promettent de la gloire à défaut du bonheur à jamais perdu. Mais la gloire remplace-t-elle le bonheur? Ah! pourquoi ne pas suivre les sentiers battus par le commun des hommes? Ainsi, moi, j'ai quitté patrie, famille, amis. Je suis venu aider de mon épée au triomphe du principe qui seul peut vivifier l'Europe. Je me suis mêlé à une lutte sanglante ; j'ai appelé sur moi-même le poids des fatigues, des dangers, et si notre bannière est abattue, si la victoire ne seconde pas nos efforts, qu'aurai-je fait cependant aux yeux de tous ? Une folie de plus. Si la mort m'atteint, qui se souviendra de moi sur la terre étrangère ?

Je m'arrêtai tout-à-coup à cette idée de mort. Je fis attention à ce silence complet qui m'environnait, à la sainte majesté du sanctuaire à peine éclairé par la lueur tremblottante d'une lampe qui, comme moi, semblait suivre une pénible veillée ; je remarquai ces sépultures sur lesquelles j'étais couché ; j'eus peur et je priai..... M. de Lamennais a dit vrai : « Il passe quelquefois sur les campagnes un vent qui dessèche les plantes, et alors on voit leurs tiges flétries pencher vers la terre. Mais humectées par la rosée, elles reprennent leur fraîcheur et relèvent leur tête languissante. Il y a toujours des vents brûlants qui passent sur l'âme de l'homme et la dessèchent ; la prière est la rosée qui la rafraîchit.

J'éprouvais ces salutaires effets. Je me sentis consolé. Je pensai que je trouverais encore, si j'étais vaincu, quelque main amie pour serrer la mienne, et si je mourrais, quelques larmes pour pleurer mon malheur. L'insouciante confiance du soldat se reveillant, repoussa de lugubres fantômes et me fit rêver à la victoire. La victoire me jetant les plaisirs, les honneurs, j'entrai dans Madrid la grande capitale, dans Barcelone la riche, dans Séville la voluptueuse. C'était fête dans mon imagination, quand j'entendis distinctement un coup de feu, puis le cri : Aux armes! Je me précipitai hors l'église; le poste était sur pied, je m'avançai aussitôt avec mes hommes, dans la direction où avait tiré la sentinelle, vers quelques vieilles masures qui s'étendaient dans la campagne. Effectivement, quelque chose bruissait sourdement.... Les armes étaient prêtes.... Enfin une espèce de masse noire sortit de derrière un mur. Je jurerais que plusieurs pensèrent, en frémissant, au cheval de *Rodil*... C'était un âne, un pauvre âne, victime aussi des fureurs de la guerre civile, mis en réquisition pour porter des bagages le lendemain, et voyant ses repas oubliés par la négligence de nos fournisseurs, l'infortuné, avec la permission de son maître, se consolait en mangeant quelques maigres plantes que l'hiver avait oublié de détruire le long des clôtures.

Quand on vint me relever de garde, je fis l'appel de mes gens. L'Andalous manquait. Il avait, ma foi, déserté. Il était allé chercher le beau soleil, les beaux orangers et les belles filles de sa patrie.

Affaire d'Ormaistéguy. — Eglise de Loyola. — Deuxième attaque au pont d'Arquijas.

Voilà ce que j'écrivais quelques jours après l'affaire d'Ormaistéguy donnée le 2 janvier 1835.

« Pour cadeau du premier de l'an, je vous envoie, mon ami, une bonne nouvelle. Presqu'au moment où tous les rois de l'Europe recevaient, du haut de leurs trônes, les vœux souvent mensongers de la troupe dorée de leurs courtisans, nous autres soldats , nous avons offert à Charles V une victoire. Cela ne vous rappelle-t-il pas un peu le glorieux lit de drapeaux que dressait Vendôme à un autre roi d'Espagne. Quoique Zumala-Carréguy soit aussi brave et aussi courtois que le général de Philippe V, il ne pourra cependant faire une aussi noble galanterie à son maître, car, depuis que nous lui en avons pris deux, l'ennemi ne nous montre plus ses drapeaux.

C'est à Ormaistéguy, lieu de la naissance de notre grand général, qu'une poignée d'hommes décidés, vient de faire éprouver le plus honteux échec à quatre divisions de l'armée constitutionnelle. Dans cette glorieuse journée, j'ai retrouvé Zumala – Carréguy, j'ai retrouvé ses Navarrais grands comme leur renommée. Ce que je viens de voir satisfait à tout ce que mon imagination avait rêvé sur ces hommes extraordinaires, quand je vins, plein d'enthousiasme, solliciter une part dans leurs lauriers. Maintenant, je comprends, que tout insensé qu'il paraisse, le goût de la vie militaire puisse s'emparer d'un cœur comme une véritable passion. Les émotions saisissantes qu'on rencontre à chaque pas, donnent assez de jouissance à l'âme pour faire oublier, les peines, les travaux, les douleurs auxquels le corps se condamne.

« Mon bataillon passa le premier janvier, cantonné dans le village même d'Ormaistéguy. Mon premier soin, en arrivant, fut d'aller faire un pieux pélerinage à l'humble demeure qui

abrita les premiers jours de l'enfance de Zumala-Carréguy.

« Combien je me sentis ému en pénétrant
sous ce modeste toit, d'où le héros de l'Espagne
est parti un jour, sans nom, sans fortune, sans
appui, avec les seules ressources de son génie,
pour s'élancer sur le chemin de l'immortalité.
En voyant cette maison presque rustique, ces
murs blancs sans portraits d'ancêtres et revêtus
comme ceux du laboureur de quelques images
de dévotion; en touchant des meubles dont la
simplicité rappelait l'*aurea mediocritas* d'Ho-
race, je fus pénétré d'un plus profond respect que
si j'eusse salué la fastueuse demeure de quelque guerrier d'illustre race, se reposant de ses
victoires, au milieu du luxe, des richesses, sous
des galeries de marbre, sous de vastes ombrages,
*au bruit de mille jets d'eau qui ne se taisent
ni le jour, ni la nuit.*

« Dans la matinée du 2, neuf bataillons étaient
rassemblés : nous nous dirigeâmes sur la route
d'Aspeitia; le général, pour mieux cacher ses
mouvements, a l'habitude de faire toujours
circuler quelques faux bruits sur le motif et
la direction de nos marches.

« Ainsi ce jour-là, l'on disait que ses forces
avaient été réunies pour être passées en re-

vue par Sa Majesté, en présence des commissaires des trois puissances du nord qui voulaient s'éclairer sur l'état de notre armée et de
nos ressources. Tout ce qui peut annoncer un
terme à l'affreuse guerre, est accueilli avec
joie.... Nous étions dans le ravissement. Tout-
à-coup, à quelques pas du village, nous faisons un brusque mouvement à droite. Vers un
petit pont jeté sur un torrent, au chemin de
la montagne, et nous allons nous grouper sur
les hauteurs voisines de Celandietta. Zumala-
Carréguy prend sa longue-vue et après avoir
fixé pendant quelques instants la Cordillère
qui s'étend à gauche de la route, il dit froidement : Les voilà, et donne immédiatement
ordre à six bataillons de se replier sur Segura,
ne gardant avec lui, que les Guides, le 6ᵉ de
Navarre et le 1ᵉʳ de Guipuscoa.

« Cependant, des masses noires, au dessus
desquelles sautille le reflet des baïonnettes,
apparaissent dans le lointain; elle s'avancent, se
déploient, se dessinent plus nettement et nous
montrent nos ennemis prêts à nous attaquer.

« C'étaient les quatres colonnes réunies de
Jaurégny, d'Espartéro, d'Iriarte et de Caratala.

« Zumala-Carréguy ne se croyant pas assez
fort pour résister à cette nombreuse armée

dans les positions que nous occupions, désirait attirer l'ennemi dans celle bien plus forte de Ségura, par un simulacre de combat et de retraite. Mais Dieu et le courage des Navarrais en avaient autrement décidé. Nous devions vaincre avec une poignée de soldats, et notre gloire en devait être plus grande.

« Les Guipuscoans se placèrent au centre du terrain où nous allions combattre, sur le sentier qui menait à la route.

« Les Guides s'étendirent sur la gauche, et le sixième de Navarre se retrancha sur la droite, derrière un long rang de pierres qui servaient de bornes aux pâturages de la montagne.

« Le feu se rompit. Nous étions si près les uns des autres que nous entendîmes parfaitement Junrégny crier au régiment de St-Ferdinand, qui commençait l'attaque : « Voyez, il n'ont pas d'uniformes, ce ne sont pas des soldats, vous laisserez-vous battre par des paysans ! »

« Mais c'est précisément pour cela même que nous étions plus effrayants. Figurez-vous que tous nos gens avaient quitté leurs vestes et avaient relevé leurs manches pour se mieux battre, ce qui leur donnait un air de hardiesse extraordinaire.

« Durant plusieurs heures nous vîmes tomber nos malheureux camarades, et les efforts de l'ennemi vinrent se briser contre le faible parapet derrière lequel nous combattions, et contre les baïonnettes de l'héroïque bataillon des Guides. Ce n'était pas assez : une circonstance vint déterminer un succès plus décisif. Le cheval du colonel Sans tomba frappé de deux balles, couvrant son cavalier dans sa chute. Nous crûmes le brave colonel perdu ; mais lui, se relevant avec vivacité, et excité par le danger même qu'il venait de courir, se précipita, le sabre à la main, franchit le parapet, entraînant à sa suite le sixième de Navarre.

« Les Guides qui aperçoivent ce mouvement, le suivent de leur côté. Les christinos sont épouvantés de notre audace. Les régiments se rejettent en désordre les uns sur les autres, et ne s'arrêtent que sur la grande route, où se tient leur réserve prête elle-même à se sauver.

« Etonnés de notre victoire, nous jetons les yeux autour de nous, et nous sommes effrayés en voyant le nombre des victimes tombées sous le feu meurtrier de nos volontaires. Qu'il était tristement beau le spectacle de ces guerriers étendus sans vie sur le sol ensanglanté, leur armé encore fumante, jetée à leur côté et laissant voir sur leurs visages, à peine touchés par la mort, les passions qui les avaient agités durant le combat!

« Rappelez-vous les traits hardis avec lesquels Châteaubriand dessine la physionomie de ces guerriers Francs qui, morts, semblaient encore menacer les Romains vainqueurs.

« Cependant l'ennemi revenait contre nous, mais avec mollesse et indécision. De leur côté, nos bataillons revenaient en toute hâte de Ségura.

« L'affaire allait recommencer : tous les avantages étaient pour nous; mais l'approche de la nuit suspendit nos coups.

« Le lendemain, mon bataillon, qui avait acheté bien chèrement la gloire acquise la veille et avait perdu, sur sept cents combattants, deux cents soldats et quatorze officiers tués ou blessés, reçut, avec les remercîments du général, pour sa bonne conduite, l'ordre d'escorter les blessés jusqu'à la vallée des Amescoas. Les autres bataillons furent chercher l'ennemi.

« Nous étions sur les montagnes qui mènent à la *Borunda*, quand nous entendîmes, dans le lointain, les premiers coups de feu; bientôt ils cessèrent. Nous nous étonnions; mais nous apprîmes, vers le soir, par des paysans qui venaient apporter la nouvelle en Navarre, que les christinos n'avaient pas même attendu les nôtres. Consternés au souvenir de la leçon de la veille, effrayés en outre, dans ce moment, à l'annonce insdiscrète du désastre éprouvé par le régiment de Grenade qu'avait écharpé la division de Biscaye; ils s'étaient retirés en toute hâte, pourchassés honteusement, comme un troupeau, par les seuls lanciers de l'escorte du général, aux ordres de notre vaillant Teyna.

« On m'a assuré qu'Espartéro est rentré à Bergara dans un tel état de trouble, qu'il a fait quatre longues lieues, sans s'apercevoir qu'il courait tête nue, ayant perdu son chapeau dans la fuite.... »

Ce brillant fait d'armes fut suivi, quelques jours après, d'un nouveau coup, porté par notre infatigable général à l'armée d'Isabelle.

Caché près d'Orbizu, dans un défilé qui ouvre les portes des Amescoas, il se jeta violemment avec deux bataillons seulement sur une forte colonne qui allait de Navarre à Vittoria, mit le désordre dans ses rangs et lui tua beaucoup de monde. Puis, lorsque l'ennemi, revenu d'un premier mouvement de terreur, se prépara à châtier la témérité de nos volontaires, ceux-ci s'échappèrent par les mille sentiers de la montagne, ne laissant derrière eux ni un mort ni un blessé.

Ces attaques meurtrières, dont la hardiesse n'était excusable que par la rapidité de l'exécution, portait le découragement parmi nos ennemis. Toute la science de leurs généraux venait échouer devant les inspirations soudaines du génie de Zumala-Carréguy et l'intrépidité de ses montagnards, prompts et insaisissables comme le feu du ciel qui frappe et s'évapore.

Vers ce temps-là, quatre bataillons, sous les ordres de Gomez, eurent la mission d'aller parcourir les côtes du Guipuscoa, pour favoriser un débarquement d'armes et de munitions qui nous venaient de l'étranger. Nous fîmes partie de cette expédition, ou plutôt de cette promenade militaire. L'armée ennemie se trouvant alors tout entière en Navarre, les petites garnisons du Guipuscoa, se tinrent constamment renfermées dans leurs places, nous abandonnant le pays et les grandes routes, sur lesquelles c'était un délicieux bonheur pour moi de marcher : le pittoresque des montagnes avait, depuis longtemps, je vous jure, perdu tous ses attraits à mes yeux.

Le plus enragé touriste, fût-il Anglais, qui, pendant quelques jours, visite avec enthousiasme la cime des Alpes et des Pyrénées, le plus endiablé des poètes, qui, du fond de son cabinet, chante avec ravissement les hauts lieux où l'esprit se rapprochant de la divinité, voit d'un regard méprisant les choses d'ici-bas; ces gens-là, dis-je, frémiraient d'horreur, au seul nom des montagnes, s'il leur fallait, comme nous l'avons fait nous autres, y exercer pendant des années entières le rude métier de *Guerillero*.

Nous rencontrions dans le Guipuscoa, qui n'était pas encore ravagé par la guerre, mille petites douceurs de la vie que nous refusait la malheureuse Navarre, sans cesse foulée par le passage des armées, et brisée par le travail d'une lutte active de chaque jour.

J'éprouvais, moi, de plus douces jouissances encore. Par son aspect riant, par sa riche culture, par ses maisons bien blanches, la jolie province basque me rappelait la France, dont, de temps en temps, je pouvais apercevoir les rivages voisins.

Avec quelles ineffables délices, j'allais, le soir, quand tous mes camarades reposaient, m'asseoir sur quelque hauteur d'où je voyais sur le vaste Océan, le phare de Bayonne percer la nuit obscure, et d'où j'aspirais les brises qui avaient passé sur ma patrie!

Quelles étaient pures les pensées, qu'ils étaient tristement doux les souvenirs d'amitié et d'amour qui m'arrivaient ainsi sur l'aile légère des vents! Hélas! mélancolies secrètes qui vous empariez de moi et parliez à mon âme, n'étiez-vous pas la voix de l'ange qui préside aux familles, qui me disait intérieurement : Pleure, tu ne reverras plus ton père!

En attendant qu'il nous vînt l'avis qui devait nous rappeler sur un point du littoral, nous passions des journées entières dans un profond repos.

Je profitais de ces rares moments de calme et de paix pour étudier, avec le plus vif intérêt, le langage, les mœurs, les idées du peuple espagnol. Je me plaisais surtout à visiter les nombreuses églises dont les moindres détails portent si bien le cachet des croyances religieuses de l'Espagne.

Je puis me tromper, mais je pense que peut-être il y a un peu trop de matérialisme dans les cérémonies du culte, les ornements du sanctuaire, l'expression des images saintes ; tout cela ne parle pas assez à l'esprit. Au reste , est-ce un mal chez une nation qui a conservé la foi !

Je vis cependant alors un monument religieux d'un effet plus sublime, le superbe couvent et l'église de Loyola.

Cet édifice s'élève majestueux et solitaire, au centre d'une riche vallée, traversée dans toute sa longueur par une jolie rivière et une large route, et bornée, à ses deux extrémités, par les charmantes villes d'Aspeytia et Ascoitia.

L'architecture de l'église appartient au style de l'école italienne :

C'est une vaste rotonde sans ailes, tracée par un cercle de colonnes en marbre , derrière lesquelles court une galerie semée de petites chapelles d'une richesse extraordinaire. Les sculptures, les mosaïques, les objets d'art y abondent et tous d'un goût sévère; chose rare, dans les temples espagnols, le portail et la coupole surtout sont remarquables , l'un par ses proportions grandioses et les statues de grands maîtres qui l'embellissent, l'autre par la hardiesse de son élévation et d'immenses cadres en marbre blanc, où sont sculptées les armes des rois qui dotèrent ce magnifique monastère.

Dans l'énorme masse du couvent, où se croisent de vastes galeries, de majestueux es-

caliers, se trouve, comme incrustée et entièrement conservée, la maison féodale de saint
Ignace, qui fut seigneur de Loyola. On a
respecté la distribution des appartements ha-
bités par le saint, et l'on montre la chambre
où le jeune officier, blessé au siége de Pampelune, reçut la vision du prince des apôtres,
et renonçant au service des rois de la terre,
se consacra à celui du Roi du Ciel, pour la *gloire
duquel* il arma une nombreuse milice de soldats spirituels.

Ces murs furent donc le berceau de cette
fameuse société de Jésus, le plus fort boule-
vart de la religion catholique et des monarchies européennes, toujours calomniée par des
hommes de mauvaise foi qui ont intérêt à le
faire, et quelquefois redoutée d'hommes de
bonne foi qui ne la connaissent pas. C'est de là,
en quelque sorte, que s'élancèrent ces hardis
voyageurs qui allèrent à travers les mers, dans
des régions inconnues jusqu'alors, chercher
le martyre, comme les autres vont chercher
les richesses, heureux si, avant de mourir, ils
avaient, pieux conquérants, gagné à Jésus-
Christ, l'âme d'un pauvre sauvage. C'est de
là que partirent ces habiles législateurs du Pa-
raguay, qui surent trouver le *secret de fon-*

der une sage république, et de gouverner les hommes en les rendant heureux. C'est de là que se répandit dans le monde civilisé cette nuée de savants dont la science n'était égalée que par leur modestie; d'excellents instituteurs, qui, en s'emparant de l'éducation publique, dotèrent si longtemps les nations de l'Europe de citoyens vertueux. C'est surtout dans l'instruction de la jeunesse, que la société de Jésus a rendu les plus grands services à l'humanité. C'est sur ce terrain qu'elle doit se placer, quand on l'attaque. Nouvelle Cornélie, elle peut alors présenter ses enfants à ses amis et à ses ennemis.

Le vaisseau que nous attendions n'arrivait pas : (nous apprîmes, depuis, qu'il avait été saisi, par les croisières anglaises, près de la Corogne.) J'espérais demeurer encore, pendant quelques jours, dans cet état de douce quiétude, qui me faisait presqu'oublier la guerre, lorsque Gomez reçut ordre de se trouver le 5 février, avec ses forces, au pont d'Arquijas.

Le général ennemi Lorenzo était encore enflé d'un succès obtenu au commencement de la campagne, lorsque le hasard jeta dans ses mains Santos-Ladron, le premier martyr de la légitimité. *Lorenzo*, donc, répétait de toutes parts, qu'il saurait bien venger, au pont même d'*Arquijas*, l'affront qu'y avaient reçu, le 15 décembre , Cordova et les armes de la reine. Zumala-Carréguy eut avis de ces fanfaronnades : il fit offrir à Lorenzo de se trouver le 5 février au pont d'Arquijas.

Celui-ci accepta. Ce fut comme un grand duel, une passe d'armes, ainsi qu'on en voyait au temps des preux.

Mais ce qui était une démarche pleine d'habileté de la part du général royaliste était une faute impardonnable chez le général constitutionnel.

Zumala - Carréguy , qui ne cherchait alors que les occasions d'aguerrir sa jeune armée par des combats réitérés, se trouvait heureux de pouvoir lutter dans des positions favorables et avec le souvenir d'une première victoire ; au contraire, Lorenzo, mu par un sot orgueil, s'exposait aux chances d'une défaite vraiment fatale à l'honneur de son drapeau, ou tout au plus obtenait un succès insignifiant, acheté par la perte de beaucoup de monde.

Le feu était engagé quand nous arrivâmes au pont : dans une marche de quinze lieues, nous avions dépassé de quelques minutes l'heure qui avait été fixée à Gomez. Déjà

Zumala-Carréguy s'irritait contre notre lenteur. Comme Napoléon, le général savait se faire obéir : le génie impose si facilement ses volontés !

Cette affaire fut sanglante, et comme la première fois, disputée avec le plus grand acharnement. Le courage des deux partis aurait cependant pu s'affaiblir à l'aspect lugubre des lieux. Les ossements de nos compagnons tués le 16 décembre, étaient amoncelés à nos pieds : triste présage pour nous-mêmes ! De notre côté, les abords d'une source étaient surtout encombrés de ces affreux débris. C'étaient les restes des malheureux, qui, frappés mortellement pour la possession de quelques toises de pierre, s'étaient traînés jusque-là afin de mettre une goutte d'eau sur leurs lèvres desséchées par la douleur.

Après avoir durant le jour fait d'inutiles efforts, et avoir durant la nuit illuminé son bivouac de grands feux, comme pour se rassurer dans les ténèbres, l'ennemi s'enfuit en toute hâte, le 6, se dirigeant sur Los-Arcos. Nous le poursuivîmes, et en traversant le pont, nous pûmes juger du mal que nous avions fait à nos adversaires. Le triste hermitage qui s'élève sur la hauteur où étaient groupées les masses, s'était transformé en un horrible charnier.

Je ne sais pourquoi, ce jour-là, je n'étais que médiocrement ému de ce que j'apercevais, jusqu'à ce qu'une circonstance légère vint me rappeler tout-à-coup à la sensibilité.

En fouillant les bois, nous rencontrâmes le cadavre d'un jeune officier du régiment de Sarragosse. Sa figure avait conservé une beauté intéressante, ses formes délicates annonçaient un homme de distinction. Il avait sur lui une lettre que lui écrivait, quelques jours auparavant, une jeune personne de Madrid. C'étaient de douces paroles d'amour, des regrets sur l'absence si longue, des espérances pour un prompt retour. Pauvre fille, va, pleure, mais n'espère plus, ton fiancé ne reviendra pas.

Qu'est-ce donc que la mort en elle-même? Bien peu de chose, puisque souvent nous sommes moins touchés du malheur de celui qui s'en va, que du chagrin de ceux qui restent.

Ainsi, c'est en pensant au désespoir de la jeune fille, que je fus attendri. Au reste, et j'invoque ici le témoignage des vieux militaires; qu'ils disent ce qui parfois a bouleversé leur cœur et l'a rempli de pitié plus que la vue d'un amas de cadavres? Eh quoi? un rien, un trait presqu'inaperçu, dans un immense tableau de deuil : ce sera un chien hurlant sur le corps de son maître, un pauvre soldat pleurant la mort de son cheval. Vous-mêmes, qui me lirez, n'auriez-vous pas par hasard été surpris de vous sentir plus profondément touché devant cette simple toile de Vernet : la mort du trompette, où il y a tout un drame, que devant la grande page de la tuerie d'Eylau, si fortement tracée par le génie de Gros.

Je crois que ce fut alors que je remarquai pour la première fois, se perdant dans le groupe de l'état-major, un homme dont la physionomie me frappa. Sa figure pâle et bilieuse avait bien cette expression que donnent les passions haineuses. Il y avait là-dessus, de l'orgueil, de la jalousie, de l'ambition, mais de cette ambition méchante et hypocrite qui fait que l'on rampe jusqu'à ce qu'on puisse mordre. Cet homme me déplut : c'était Maroto!!!

Affaires de Larraga et de Dona Maria.

Dans mon livre, j'ai voulu que ce fut moins le militaire que l'homme qui parlât. Ce n'est pas mon jugement raisonné sur les opérations militaires dont j'ai été témoin, que j'impose à mon lecteur, mon seul désir a été d'obtenir de lui quelque sympathie pour les impressions de toutes sortes qui ont agité mon âme et dont je lui fais la confidence ; je dois donc éviter l'histoire, bien inutile ici, de ces mille escarmouches qui ensanglantèrent le moindre coin de la Navarre et qui souvent n'eurent d'autre résultat que de faire couler le sang.

Aussi bien, quelles réflexions pourraient accompagner ces tristes récits, hélas ! toujours les mêmes : un banal retour sur la folie des pauvres humains, qui vont s'arrachant de leurs propres mains, pour de vaines, de chimériques théories, la vie, le plus doux présent de la divinité ? Quels tableaux pourrais-je offrir, sinon en les traçant toujours d'un pin-

ceau trempé dans le sang? Ici les clameurs in-
solentes de la victoire ; là les cris effarés de
la défaite ; ici l'humanité se rehaussant dans
tout son orgueil, là l'humanité retombant dans
tout son néant; du bruit, de la fumée, voilà
le combat : et après, quand elle s'est écoulée
l'heure fatale où la mort travaille, de toute
part le silence, les cadavres, horribles à voir,
de malheureux que leurs mères elles-mêmes
ne pourraient reconnaître, des fers brisés
dans les larges blessures par où se sont envolées
des âmes ; enfin quelque boulet solitaire se
reposant dans sa course, après avoir tranché
l'espoir de vingt familles.

Que n'a-t-on pas dit déjà sur ces lamentables choses, et moi-même en présentant ces
images, ne craindrais-je pas d'user à la longue,
l'intérêt qui d'abord aurait pu s'attacher à ce
que j'écris? Cependant, ne doit-on pas aussi me
pardonner si, tout en écartant une foule de faits
qui se pressent dans ma mémoire, je m'arrête
involontairement sur quelques-uns qui pour moi
seul, il est vrai, ont un véritable intérêt, parce
que mon esprit y rencontre une sage pensée,
et mon cœur un souvenir qui lui est cher ?

Nous ne le savons tous que trop, les souvenirs qui vivent le plus longtemps en nous, sont

plutôt ceux qui rappellent des chagrins que ceux qui nous parlent de nos joies passées ! bien plus, ces souvenirs nous attachent et nous plaisent en quelque sorte par leur tristesse même.

Il y a des jours dont la date est à jamais gravée en moi. Ce sont ceux où , sur la terre étrangère, j'ai vu mourir quelqu'un de mes chers compatriotes, de ceux que je regardais véritablement comme des frères. N'y eût-on tiré qu'un coup de fusil, n'y eût-on éprouvé que cette perte, le combat marqué par la mort d'un Français, a toujours été pour moi, Français, un événement aussi important que la plus sanglante affaire. Nous étions, le 8 mars, réunis en forces assez considérables dans la petite ville de Cirauqui , et nous nous préparions à marcher sur le Bastan pour aider aux opérations du siège d'Elizondo , lorsque le général reçut avis qu'une colonne ennemie, composée de la première division de leur armée, sortait de Puente-la-Reina , se dirigeant sur le chemin de Mendigoria. Au premier rappel , nous accourûmes à nos rangs et un instant après, infanterie et cavalerie, nous nous précipitions avec ardeur à la poursuite des christinos. Ceux-ci en nous apercevant accélérèrent le pas dans la direction de Larraga, ils purent, malgré nos efforts, arriver avant nous et prendre position à un pont jeté sur l'Arga, qui dans ce moment n'était pas guéable. Vainement, pour jeter le désordre parmi eux, un de nos plus braves officiers, l'adjudant général Don Carlos de Vargas, nous avait devancé avec quelques lanciers, de toute la vitesse des chevaux, et s'était lancé avec héroïsme sur leur arrière-garde. L'intrépide Vargas était tombé grièvement blessé et avait commencé ce jour-là la série des glorieuses blessures qu'il a depuis reçues avec honneur pour le service du Roi.

La rapidité et la profondeur des eaux, ne nous permettant pas de tourner l'ennemi fortement retranché derrière un pont très étroit, qu'il nous fallait attaquer de front, il eût été sage de renoncer à toute entreprise, et de ne pas exposer en pure perte la vie de nos soldats. Mais Zumala-Carréguy s'anima outre prudence en voyant l'ardeur des troupes. Les Guides, le 1er, le 2e et le 3e de Navarre se ruèrent sur le pont, d'autres bataillons les soutinrent avec ardeur; de son côté l'ennemi se défendait avec la conviction que son sort tout entier dépendait de la conservation du passage de la rivière.

L'affaire devenait sérieuse, depuis trois heures

l'on se battait, mais déjà arrivait en toute hâte d'Oteiza, le général Lopez avec sa division, composée principalement de cavalerie; la nôtre n'était pas nombreuse, nous nous trouvions sur un terrain plat : nous dûmes battre en retraite, poursuivis à notre tour, pendant quelques instants par les christinos. Comme mon bataillon avait été laissé à l'arrière-garde, je pus voir défiler le triste cortége des blessés, dont nous devions protéger le pénible transport. Je pus, un des derniers aussi, avoir sous les yeux le mélancolique spectacle de nos soldats agonisants, que nous abandonnions avec douleur et auxquels nos aumôniers, en se dévouant eux-mêmes, tâchaient d'aller jeter au moins les paroles de l'absolution. Ce fut avec un bien grand saisissement de cœur, que j'aperçus alors, porté sur une couverture, par des soldats, et la poitrine horriblement ouverte, un excellent camarade, un loyal militaire, un digne Vendéen, le pauvre Ravageot. Sa tête était soutenue par un autre Vendéen, Anastase de Tandé, et par Amédée de Barrez, ses amis, qui l'accompagnaient en versant des pleurs. Aussi fort pour supporter la douleur que tout à l'heure pour affronter le danger, Ravageot portait sur ses traits décolorés l'expression de cette résignation calme du soldat chrétien, qui ne le quitta pas.

Jusqu'à son dernier moment, la mort ne l'effraya pas : celui-là, il s'y attendait. Depuis longtemps il avait fait à ses opinions consciencieuses le sacrifice de sa vie, car depuis longtemps il savait se trouver partout où il y avait du sang à répandre, de l'honneur à gagner. Des ruines fumantes de la Penissière, il était passé dans les camps du Portugal; puis, sans se lasser de tant de malheurs, il était venu se joindre aux volontaires royalistes de la Navarre.

Peu de jours après l'escarmouche de Larraga, nous eûmes, dans la montagne de Dona Maria, au Bastan, une petite affaire remarquable en ce que nous pûmes combattre en personne le général en chef de l'armée constitutionnelle, le fameux Mina. Depuis que le grand homme, aux acclamations de l'Europe libérale, avait apporté son invincible épée, ou pour mieux dire, son nom, au service de la reine Isabelle, il avait donné à ses lieutenants, la procuration de nous attaquer et de se faire battre. Pour lui, tranquille dans Pampelune, capitale de sa vice-royauté, il s'occupait du soin fort peu héroïque, de réaliser d'immenses bénéfices dans les fournitures de l'armée et les emprunts du gouvernement. L'affaire de Dona Maria, fort peu importante en réalité, aurait pu avoir des conséquences terribles pour Mina, si nos plans n'eussent été déjoués par une ruse de guerre, réminiscence du vieux et habile *guerillero* de 1812.

Prévoyant, au moment où il se vit attaqué, que nos bataillons du Bastan pourraient avoir reçu l'ordre de venir lui couper la retraite auprès de Pampelune, il adressa à Elio qui les commandait, un papier revêtu d'une fausse signature de Zumala-Carréguy, enjoignant un mouvement tout-à-fait différent. Ce qu'il avait prévu arriva : Elio, déjà posté aux lieux où l'on devait lui amener l'ennemi, se déplaça, et après une retraite pénible, mais assez savamment opérée au milieu des neiges de la montagne, Mina put au moins rentrer dans la capitale de la Navarre.

Nulle image ne peut rendre avec vérité, l'aspect désolé des lieux où nous nous battîmes ce jour-là. Les montagnes de Dona Maria sont arides, sauvages, dépeuplées; à peine si l'on aperçoit quelques pauvres chaumières dans un rayon de plusieurs lieues. L'hiver y régnait encore : sur nos têtes roulaient de gros nuages chargés de frimats, sous nos pieds s'enfonçait un terrain détrempé par les pluies de plusieurs mois. Nos esprits à tous semblaient s'être mis en harmonie avec la sombre tristesse de ces solitudes. Quoique le feu se fût prolongé pendant seize heures, il n'y eut, de part et d'autre, durant tout ce temps, ni un seul instant d'enthousiasme, ni un seul élan de valeur. Tout le monde paraissait avoir peur; cependant peu de victimes succombaient. Il est donc vrai que le courage, comme toutes les vertus dont l'homme est si fier, n'est pas une chose existante par elle-même. L'état moral est tellement lié à l'état physique, que les accidents de l'un sont bien souvent développés par les accidents de l'autre. Qu'est-ce donc encore une fois que la vertu ? en vérité, quelque chose dont on ne doit pas plus se vanter que de posséder une excellente santé *.

* La morale et la religion nous enseignent que la vertu n'est qu'une lutte continuelle de l'esprit contre la matière, de l'âme contre le corps. L'homme le plus vertueux est celui qui a le plus combattu contre lui-même pour parvenir à bien faire.

Siége de Los-Arcos. — Clémence de Zumala-Carréguy. — Prise d'Echarry-Aranaz. — Deux compagnies du bataillon des Guides décimées.

Le 22 février, Zumala-Carréguy, voulant essayer quelques pièces d'artillerie que Reyna avait fait fondre dans le Bastan, était allé les placer à tout hasard devant le fort de Los-Arcos. Quoiqu'une partie des ouvrages eût été enlevée en vingt-quatre heures par la bouillante ardeur de nos volontaires, nous pensions à lever le siége, faute de gargousses pour nos canons (il restait, je crois, deux coups à tirer), lorsque, dans la nuit du 23, la garnison ennemie abandonna lâchement la place. Une pluie qui tombait à torrents et qui nous avait forcés à mettre à couvert les postes de notre ligne, favorisa cette retraite à laquelle nous ne devions pas nous attendre.

La prise d'une bicoque comme Los-Arcos,

était un fait militaire peu important en lui-même, mais il prit une assez grande valeur politique, grâce à un acte de clémence auquel elle donna lieu de la part du Roi et de Zumala-Carréguy. Leur noble générosité présenta à la face de l'Europe un éclatant démenti à toutes les calomnies du parti révolutionnaire, accusant Charles V et son général de vouloir les atrocités d'une guerre sans quartier.

Dans leur précipitation à fuir de Los-Arcos, les christinos y avaient abandonnés, outre les gens de service et quelques domestiques qui soignaient leurs maîtres, deux cent cinquante blessés renfermés dans l'hôpital.

Que l'on juge de la terreur de ces infortunés s'attendant à être sacrifiés à la dure loi de représailles : c'était le moment même où Mina exerçait les plus violentes cruautés.

Tout-à-coup un homme apparaît devant eux : c'est Zumala-Carréguy. Comme Napoléon saluant le courage malheureux, le général se découvre devant ces lits où gisent les tristes victimes de la guerre : « Messieurs les officiers et vous soldats, leur dit-il d'une voix émue, il est des gens qui, du milieu de Madrid, d'où ils n'ont rien à craindre, repoussent inhumainement les propositions qui leur sont faites

pour mettre un terme à la mort des prisonniers
de guerre; ces hommes, aussi faux que lâches
et cruels, vous ont appris à considérer Zumala-
Carréguy comme un bourreau ayant soif de
votre sang. Sachez au contraire que son cœur
saigne toutes les fois qu'il se voit dans l'horrible nécessité de verser une goutte du sang
espagnol. Je suis Zumala-Carréguy, et au nom
du Roi, je vous accorde non-seulement la vie,
mais la liberté. Je vais donner des ordres pour
que l'on prodigue tous les secours que réclame
votre état, jusqu'au moment où l'on pourra
vous transporter parmi les vôtres. Ces dispositions s'étendent aux domestiques, qui, au ris-
que de leur vie, ont voulu, j'aime à le croire,
demeurer auprès de leurs maîtres malades.
J'apprécie la fidélité autant que le courage. »

Des cris de vive Zumala-Carréguy! sortant
de cette maison, tout-à-l'heure silencieuse et
venant frapper nos oreilles sur la place où
nous attendions avec anxiété la sortie du général, nous apprirent à l'instant ce qu'il venait
de faire. Nos cœurs furent soulagés du poids
qui les oppressait.

Après avoir, comme on l'a vu dans le pré-
cédent chapitre, reconduit à coups de fusils
le vice-roi de Navarre jusque dans la capitale

de ses états, nous songeâmes définitivement à prendre l'offensive dans la campagne de ce printemps, et à balayer les fidèles provinces de toutes les garnisons ennemies.

Vers le milieu de mars, nous mîmes le siége devant Echarry-Aranaz, bourg situé à l'embranchement des routes de Vittoria et Tolosa à Pampelune. Ce point important était défendu par quatre compagnies du régiment de Valladolid et un peloton de cavalerie.

Le commandant, vieux militaire plein d'énergie, se défendit quatre jours en désespéré; mais ne se voyant pas secouru, ayant perdu près du tiers de son monde, et ne pouvant plus se protéger derrière ses murailles rompues par notre artillerie, il se décida à capituler, le 19 au matin. Lui et ses officiers obtenaient la vie sauve, la conservation de leurs armes et bagages et un mot de la main de Zumala-Carréguy, qui reconnaissait qu'ils ne s'étaient rendus qu'à la nécessité. Tous les soldats et sergents, sans exception, demandèrent à prendre les armes pour le Roi. Ils formèrent le noyau du premier bataillon de Castille sous les ordres du brave don Juan O' Donnel.

Jamais nous n'avons vu un résultat heureux d'une opération militaire, répandre plus de gaîté

sur le front soucieux du général. Zumala-Carréguy avait à reprendre à Echarry-Aranaz la
revanche d'un échec éprouvé dans ces lieux
quelque temps auparavant et auquel se ratta-
chaient en outre de bien douloureux souvenirs pour son cœur.

A quelques pas du village d'Echarry-Aranaz
s'élève le plateau sauvage et toujours blanchi
par les neiges de la haute chaîne de montagnes
qui séparent la Borunda et les Amescoas. Jamais Zumala-Carréguy et son bataillon des Guides ne traversaient ces lieux sans que la figure
du général et celle de ses braves soldats n'ex-
primassent une sombre tristesse. C'est que là
même s'était passée une scène dramatique
d'affreuse mémoire. Quoique je n'en aie pas
été témoin, je me suis trouvé si souvent sur
le théâtre, j'en ai si souvent entendu parler
aux acteurs, que je puis la retracer ici comme
si en effet j'y avais assisté.

Au commencement de la guerre on avait
noué des intelligences avec deux frères, officiers de la garnison d'Echarry-Aranaz. La
place devait être livrée par eux à un signal
convenu, à deux compagnies des Guides de
Navarre, qui s'avanceraient de nuit silencieusement jusqu'aux portes. Soit que ce fut l'effet

du hasard, soit que nos soldats craignissent de tomber dans quelqu'embûche, un coup de feu partit de nos rangs, qui à l'instant se débandèrent et s'enfuirent. Les christinos, de leur côté, se hâtèrent de baisser le pont-levis que tenaient déjà les deux frères M....., dont l'un fut tué tandis que l'autre parvenait à nous rejoindre. La non-réussite de l'entreprise irrita au dernier degré le général, qui avait compté sur les munitions, les armes que contenait le fort, et qui dans ce moment nous eussent été d'un si grand secours. Il résolut de donner un exemple de sévérité qu'il jugea nécessaire.

Les troupes furent formées en carré au sommet de la Sierra, qui domine Echarry-Aranaz. Zumala-Carréguy se plaça au milieu. « Volontaires ! s'écria-t-il d'un ton méprisant, je pense que j'ai trop compté sur votre courage, sur votre constance pour mener à fin l'œuvre difficile, mais cependant possible du triomphe de Charles V ! Prononcez vous-mêmes : voulez-vous que je vous renvoie dans vos maisons, à l'instant même, je dissous les bataillons. Seulement je crains qu'en rentrant chez vous vous n'entendiez vos femmes et vos filles vous appeler des lâches, indignes du nom de Navarrais. Vous leur direz bien que vous n'aviez pas d'armes, de munitions; elles vous répondront, elles, qu'il y avait des armes et des munitions à Echarry-Aranaz, et que votre couardise (*go-bardia*) vous a seule empêchés de les prendre. Allons, dites, volontaires! voulez-vous dès aujourd'hui mettre fin à la glorieuse lutte que nous avons commencée, ou voulez-vous continuer à défendre la cause sacrée du Roi notre seigneur? »—« Vive Charles V! crièrent les bataillons d'une voix unanime. »

« Volontaires, puisque votre résolution est bien arrêtée de vous battre pour Charles V, ma résolution, à moi, comme général, est aussi bien arrêtée de ne reculer devant aucun moyen, quelque pénible qu'il puisse être, pour arriver au terme de notre entreprise. Mon devoir est de punir les lâches, de même que c'est mon devoir de récompenser les braves. Les compagnies des bataillons des Guides qui se sont deshonorées seront décimées, les officiers perdent leur grade; qu'ils sortent des rangs et qu'ils disparaissent de devant nos yeux. Ce sont des lâches! »

Des billets blancs et noirs furent jetés dans un sac offert à la main tremblante des soldats. Chose affreuse! les billets noirs échurent aux plus intrépides! Ils furent fusillés,.... Avant de quitter ces lieux, on célébra une messe funèbre à l'endroit même de l'exécution.

Quel spectacle ! l'aspect sauvage de la montagne, un prêtre célébrant les saints mystères, des cadavres fumant encore sur le sol ensanglanté, des milliers d'hommes armés, tremblant aux paroles et devant la volonté d'un seul. Zumala-Carréguy, pâle, immobile, l'œil morne, enfin, appuyé contre un rocher, M...... versant d'abondantes larmes au souvenir de son frère mort et à la vue des fruits amers d'une trahison.

L'acte de clémence de Zumala-Carréguy envers les prisonniers de Los-Arcos, mis en regard avec un acte de sévérité inouïe, exercé contre ses soldats les plus chers, répond, mieux que toutes les paroles, à l'accusation de cruauté fanatique que l'on a voulu porter contre ce grand homme.

Immédiatement après la prise d'Echarry-Aranaz, nous apprîmes que Mina, prétextant le mauvais état de sa santé, avait donné sa démission et était remplacé par le général Valdez.

Dans la guerre qu'il nous fit, Mina ne déploya aucun talent militaire. Je suis heureux de n'être pas forcé par la vérité à donner des

éloges à cet homme dont le nom m'est doublement odieux, à moi Français et royaliste.
Il a assassiné tant de mes compatriotes et tant
de mes frères d'armes !

Combat d'Arroniz. — Les Espagnols devant la mort. — Le trompette de Mérino.

À son entrée dans la carrière des combats,
le soldat est égoïste : s'il se trouve, à la vérité,
sur les champs de bataille, ému par le spectacle inaccoutumé des débris sanglants qu'il
foule aux pieds, ne croyez pas que ce soit la
vue des souffrances de ses semblables qui l'af-
fectent si fortement, mais seulement une certaine joie mêlée d'étonnement d'avoir, aujour-
d'hui, échappé aux coups qui ont frappé à ses
côtés et la crainte d'être demain peut-être une
misérable victime comme celles qu'il voit éten-
dues dans la plaine. Bientôt l'habitude de vivre
au milieu de dangers longtemps évités avec
bonheur, fait que l'on ne redoute pas le péril
lorsqu'il se présente en face, et que l'on ne se

réjouit même plus d'avoir échappé à celui qui a passé sans vous atteindre, tant il vous semble naturel d'avoir été épargné.

Alors l'âme dégagée de préoccupations personnelles, retrouve des sympathies pour les douleurs étrangères: le vieux militaire est bon et compatissant. Cette remarque, je la fais d'après les impressions que j'ai éprouvées. En effet, plus j'allais, m'accoutumant pour moi-même, dans les batailles, aux menaces vaines de la mort qui au fait ne m'atteignait jamais, moins je m'accoutumais à l'aspect hideux de cette mort qui venait s'abattre sur mes compagnons d'armes et même sur nos ennemis. Calme maintenant et maître de mes idées, je voyais de sang froid les malheurs de la guerre, je les appréciais et je pouvais gémir avec ceux qui souffraient.

Je fus véritablement accablé de profondes émotions de ce genre, le 30 mars 1835.

Dans la matinée de ce jour, Zumala-Carréguy, avec quatre ou cinq mille hommes d'infanterie et cinq cents chevaux, était venu secrètement, après une longue et pénible marche, se poster près d'Arroniz, où les divisions de Gurréa et Aldama avaient passé la nuit. Vers midi, ces deux généraux, bien éloignés de croire que nous fussions si près d'eux, commencèrent à faire défiler leurs troupes sur la route de Los-Arcos, près de laquelle nous étions embusqués.

Zumala-Carréguy espérait culbuter cette longue file de soldats, marchant avec insouciance sur deux rangs seulement, en lançant brusquement nos masses sur le flanc de l'ennemi que l'on couperait ainsi au premier choc.

Déjà la tête de la colonne allait arriver à notre hauteur, nous n'étions séparés que par la petite colline qui nous couvrait. Nous entendions les chansons et les joyeux propos qui partaient des rangs christinos, où le souvenir d'une bonne nuit de repos et le soleil d'une belle journée de printemps semblaient avoir répandu la gaîté.

Nous avions peine à contenir le secret frémissement de plaisir qui circulait parmi nous, en voyant notre proie donner tête baissée dans l'embûche qui lui était tendue. Chose horrible que la guerre! quelques minutes nous éloignaient du moment où des milliers de malheureux allaient succomber, et ces minutes pesaient à notre impatience.

Une femme, qui se rendait à ses travaux dans les champs et dont le passage avait échappé à la surveillance de nos sentinelles, vint tout-à-coup à se rencontrer avec l'avant-garde ennemie.

Agacée par les soldats qui lui demandaient, en riant, si elle était triste parce que *su cortejo* (son amoureux), était bien loin avec les factieux dans le Bastan, la jeune fille répondit ingénuement, que les factieux n'étaient pas bien loin, puisqu'elle venait de les voir là derrière la colline.

Ces mots furent de suite rapportés à Gurréa et à Aldama qui ordonnèrent à leurs tirailleurs d'éclairer la hauteur et au reste des troupes de se replier sur Arroniz et de se former en bataille dans le bourg.

Zumala-Carréguy, furieux de voir lui échapper, par une circonstance imprévue, un succès certain, si habilement préparé et n'écoutant que son irritation, forma de son côté son ordre de bataille et attaqua à l'instant, débouchant à droite et à gauche de la colline, derrière laquelle il laissa en réserve le 6e de Navarre et la cavalerie.

Soit qu'ils fussent écrasés par des forces supérieures, soit que tous ils n'eussent pas fait leur devoir, comme l'indiqua l'ordre du jour du lendemain, nos bataillons faiblirent et furent vigoureusement pourchassés par l'ennemi.

Dans ce moment, Zumala-Carréguy vint lui-même chercher le 6ᵉ de Navarre et se plaça à sa tête pour le mener au combat. Le 6ᵉ, enthousiasmé par la vue de son général et entraîné par l'exemple de ses deux intrépides commandants, don Pablo Sans et don Manuel Campillo, s'avança avec une audace inouïe. Rassurés par les cris qui s'élevaient de l'héroïque bataillon, les fuyards s'arrêtèrent tout-à-coup, se rallièrent, selon leur habitude, comme par enchantement et se retournèrent violemment contre l'ennemi. Quelques-uns des corps qui s'étaient trop imprudemment élancés à la poursuite des nôtres dans un terrain montueux, se trouvèrent à leur tour attaqués, enveloppés et écrasés. Je crois voir encore ces vastes champs de bruyères où la mort m'apparut en un instant sous toutes les formes.

Dans le fond de ce tableau de carnage, qui s'étalait à mes yeux, j'aperçus par hasard un officier ennemi qui s'efforçait, en courant, d'échapper aux baïonnettes de nos soldats sur le point de l'atteindre. Me précipiter, arriver sur ce malheureux, arrêter, par mon autorité, le fer qui déjà le menaçait, le prendre sous mon bras et le rassurer, ce fut l'affaire d'un moment. C'était un capitaine du 16ᵉ régiment de ligne. Non, jamais je n'oublierai de ma vie les cruelles situations par lesquelles cet infortuné passa durant une demi-heure qu'il fut à mes côtés. D'abord cet homme à cheveux blancs se jeta devant moi à deux genoux, me demandant la vie au nom de la sainte Vierge, criant comme un enfant, qu'on l'avait trompé, qu'il était royaliste, faisant abnégation de ses opinions, de sa dignité d'homme, de tout enfin; puis, lorsque je continuai à marcher, le tenant toujours à mon bras, exposé comme moi aux balles que les siens faisaient pleuvoir contre nous, outre ce danger, il voyait encore avec terreur, en jetant ses regards en arrière, quelques-uns de nos soldats, qui le suivaient pas à pas, avec un œil avide, attendant peut-être qu'un coup mortel vînt me frapper moi-même son protecteur, pour pouvoir le tuer et le dépouiller; puis enfin, lorsque l'ennemi recevant des renforts et soutenu de sa nombreuse cavalerie, nous fit une seconde fois reculer, mon prisonnier eut à repasser aux lieux mêmes où gisaient, horriblement défigurés et entièrement nus, les cadavres de ceux qui avaient été ses soldats et ses amis.

Ce furent d'atroces souffrances ou pour mieux

dire, ce fut une cruelle agonie pour ce misérable, car à peine arrivé au lieu du ralliement, j'eus la douleur de le voir arraché de mes mains et massacré, par des furieux, malgré ses cris déchirants que j'entendais et qui semblèrent me poursuivre pendant plusieurs jours.

La joie de recevoir, ce jour-là, la croix de St-Ferdinand, que j'ambitionnais depuis long-temps, ne put me consoler de cet affreux souvenir, qui est encore là devant moi.

Durant le cours de cette guerre, j'ai vu bien souvent mourir, mais j'ai vu bien rarement un espagnol trembler ainsi devant la mort, et encore je suis persuadé que si l'on eût épargné cet homme pendant vingt-quatre heures, il eût ensuite marché avec calme et courage au supplice. Pourquoi ? parce qu'il aurait pu recevoir les secours de la religion. Qu'ils sont donc coupables ceux qui cherchent, en publiant des livres impies, à déraciner des cœurs le germe de la foi religieuse, qui apporte de si merveilleuses consolations dans les malheurs de la vie! Qu'ils sont insensés ceux qui en lisant ces livres, s'exposent à perdre ce précieux secours dans l'infortune !

Je le sais, l'absence totale de principes religieux peut également donner une certaine impassibilité froide devant la mort, mais, bien sûrement, elle ne donnera pas cette tranquillité, pleine de résolution et de noblesse, qui fait qu'on l'envisage sans peur, bien plus, qu'on la voit s'approcher comme une transition à un état plus heureux. L'irréligion pourra, par de lourdes idées matérialistes, absorber, éteindre toutes les facultés de l'âme et l'empêcher de sentir, en ne lui présentant rien à craindre ni à espérer au delà du tombeau ; mais à la foi seul appartient, au bord de la sépulture, d'éclairer, par de soudaines clartés, un être simple, ordinaire, de l'élever aux pensées les plus belles, aux inspirations les plus nobles, de lui faire parler le langage le plus sublime.

Dans les derniers jours que je passai en Espagne, je vis fusiller huit Anglais, faits prisonniers aux lignes de St-Sébastien ; ils déclarèrent en riant qu'ils n'avaient pas de religion. Ils consolèrent leurs derniers moments avec des liqueurs fortes, puis ils moururent avec une apathie stupide.

C'étaient bien des soldats, en prenant ce mot dans l'acception de machines de guerre, mais étaient-ce véritablement des hommes ?

Qu'on écoute maintenant un récit qui trouve trop naturellement sa place dans ce chapitre pour que je ne l'y insère pas , en avançant l'ordre de mes souvenirs.

Ceci se passait à la fin de 1836. Villaréal était général en chef.

C'est une noble province que la Castille, tout y est pur, les cœurs et le langage. C'est, comme disent les Espagnols, la patrie de l'honneur et de la bonne foi. Là, peut-être vous rencontrerez la religion la plus éclairée, le royalisme le plus désintéressé. Aussi, quand à la mort de Ferdinand VII, Mérino jeta son cri de guerre et proclama Charles V, vingt mille hommes au moins se réunirent à la voix du héros populaire. Malheureusement , les armes manquaient et la disposition du terrain ne permettait pas, comme en Navarre, une vaste guerre de partisans. Mérino dut congédier ces braves gens, en se réservant une assez forte guérilla d'hommes intrépides avec lesquels il tint la campagne en s'appuyant sur la montagne de Burgos et les bois de sapins de Soria. Suppléant au nombre par l'audace, la ruse et l'activité, il fut, longtemps pour nous d'un grand secours , et occupa des forces assez considérables de l'ennemi.

Cependant comme la nécessité d'une plus nombreuse cavalerie se faisait sentir en Navarre, le curé reçut du Roi l'ordre de nous amener la sienne ainsi que celle de son lieutenant Villalobos, tué depuis glorieusement à la prise de Cordoue, lors de l'expédition de Gomez.

J'étais par hasard à Estella, quand ces deux partisans y arrivèrent avec trois cents chevaux. Rien ne peut rendre le pittoresque de cette troupe. Les armes, les costumes portaient le cachet élégant de l'antique mode espagnole. D'énormes tromblons, des épées du temps de Philippe V, le chapeau manchego aux bords relevés et la veste de velours aux mille boutons d'argent.

Parmi ces hommes, un surtout frappa nos regards par sa figure remarquablement belle, quoique brûlée aux feux de la Castille, et par une tournure toute martiale. Il pouvait avoir vingt-cinq ans. Mis avec la recherche coquette du *majo* andalous, monté sur un superbe étalon et précédant la troupe, il en paraissait être le chef. Cependant Miguel n'était qu'un pauvre trompette de la guérilla de Mérino ; mais ce loyal soldat, redouté des christinos pour des faits d'armes dignes d'un chevalier, avait refusé les épaulettes de capitaine que ceux-ci lui avaient offertes pour passer dans leurs rangs.

Il avait, au reste, nous dirent ses camarades, toute la confiance de Mérino, qui le traitait en ami. Il ne faut pas s'y tromper, dans les guérillas, les officiers et soldats étant obligés de vivre continuellement ensemble, de s'aider mutuellement d'homme à homme, dans mille dangers sans cesse renaissants, les distances de la hiérarchie militaire doivent nécessairement être presqu'inaperçues, et les grades par conséquent beaucoup moins ambitionnés.

Dans la nouvelle organisation que l'on donna à cette cavalerie, Miguel fut placé comme maréchal-des-logis, se distingua dans quelques affaires et fut bientôt proposé pour l'épaulette d'officier et la croix de St-Ferdinand.

Un soir, j'étais de service avec ma compagnie à l'ayutamiento de ce même Arroniz dont je parle dans ce chapitre, des paysans vinrent réclamer, à grands cris, l'aide de la garde contre des soldats qu'avait échauffés le vin capiteux de la Rivéra, et qui se livraient à des désordres dans une maison voisine : j'envoyai de suite quelques hommes. A leur approche, les tapageurs s'étaient enfuis ; un seul était resté : c'était Miguel ; le sabre à la main et dans un état violent d'ivresse, il menaçait de frapper quiconque voudrait l'arrêter. La scène pouvait devenir sanglante, lorsque vint à passer l'adjudant-major de l'escadron de Miguel. Cédant enfin aux sages exhortations de son chef, ce furieux consent à se laisser conduire au poste, mais à la condition d'y être mené seulement par son officier, qui s'empresse, avec bonté, de lui donner le bras. Chose épouvantable! A peine ont-ils fait quelques pas dans la rue (la nuit était sombre et pluvieuse), que l'insensé tire un poignard et frappe de sept coups le malheureux adjudant, l'étend à ses pieds et s'échappe soudain d'Arroniz sur le chemin du fort ennemi de Lérin. Mais un quart de lieue à peine parcouru, la fraîcheur de l'air dissipe son ivresse : il voit en entier le crime incompréhensible qu'il vient de commettre ; il se prend en horreur et au lieu d'aller chercher un asile sûr chez les christinos, il préfère subir les conséquences de son forfait. Froid, impassible, il s'assied dans un champ, se croise les bras et se livre au destin.

Ce fut dans cette position que le rencontrèrent, une heure après, quelques cavaliers lancés à sa poursuite par ordre du général Sans.

Confié à ma garde et chargé de pesantes chaînes, Miguel se jeta dans un coin du cachot et passa le reste de la nuit dans un sombre abattement. Le lendemain, au point du jour, il sembla se ranimer, avec une singulière énergie, en entendant le bruit d'une fusillade lointaine dans la vallée. Le général Oraa attaquait nos avant-postes.

Se dressant comme un fantôme, malgré le poids de ses fers, il me suppliait, avec des larmes et des accents de désespoir, de le faire transporter, attaché, au fort du danger, afin, s'écriait-il, qu'il pût au moins mourir d'une balle ennemie.

Cependant le procès fut instruit et la peine de mort décrétée par le conseil de guerre.

Miguel n'avait pas attendu que l'arrêt lui fût signifié, pour se préparer chrétiennement à la mort et faire demander l'assistance des deux respectables aumôniers du 6ᵉ de Navarre.

Son plus grand tourment était la crainte de ne pouvoir obtenir le pardon de sa victime mourante, qui s'empressa, en sortant de danger, de le lui envoyer avec des paroles de consolation. Tranquillisé, par cette généreuse démarche, le condamné ne songea plus qu'à faire tourner son supplice, le supplice d'un pauvre soldat, à l'avantage de la cause de Charles V. Pour servir d'un grand exemple à l'armée royale, il demanda instamment à être fusillé devant les troupes réunies en ce moment à Estella.

Le jour fatal arrivé, six bataillons et l'escadron auquel appartenait le criminel, se formèrent dans une vaste plaine, aux portes de la ville, sous les ordres d'un maréchal-de-camp. Toutes les formalités d'usage furent suivies avec solennité, l'arrêt lu, au front de chaque corps par un officier d'état-major accompagné d'un groupe de sergents.

Bientôt le patient parut ayant à ses côtés les deux prêtres, et suivi du peloton qui devait exécuter la sentence.

Sa figure était sereine, sans affecter cette affreuse forfanterie que de vils scélérats se font gloire de porter sur l'échafaud. Son pas ferme et égal se guidait sur la marche que battait le tambour marchant devant lui.

Parvenu en face de la ligne d'infanterie, Miguel s'arrêta et d'une voix sonore: «Volontaires! s'écria-t-il, vous voyez le triste état auquel je suis réduit: ce bras, qui portait avec honneur une arme pour la défense des droits du Roi notre seigneur, est maintenant chargé de chaînes comme le bras d'un vil assassin. Voilà où m'a conduit le vice, il m'a amené à l'indiscipline, puis au crime. Ma mort est juste, je ne l'ai que trop méritée; je n'ai qu'un regret, c'est de ne pas mourir pour la cause que nous défendons, et encore, j'espère la servir dans ce dernier moment, puisque vous allez recevoir par moi une leçon terrible! Volontaires! si vous voulez vaincre, ce n'est pas assez d'avoir du courage, il faut encore que vous soyez fidèles à la discipline. Sans discipline, pas d'armée, pas de victoire! L'officier que j'ai frappé, dans un accès de démence, m'a pardonné; Dieu me pardonnera sans doute à cause de mon repentir, pardonnez-moi, vous aussi, mes camarades et priez pour mon âme! »

Ensuite, il fit quelques pas vers son escadron, corps d'élite, composé de vieux militaires qui tous étaient ses amis.

« Adieu! compagnons, la plus cruelle punition de mon crime est de ne pas mourir en me battant dans vos rangs; mais je ne pouvais plus y servir, je me suis deshonoré. Adieu pour toujours! je me recommande à vos prières... S'adressant à un sous-officier de ses amis: aie bien soin de mon pauvre cheval, lui dit-il. »

Enfin, se tournant vers les groupes nombreux des habitants d'Estella, qui noircissaient le penchant de la colline où s'élève l'hermitage vénéré de la vierge Del Puy, il leur jeta ces touchantes paroles : « Et vous, amis, si vous avez gardé encore un peu de pitié pour un misérable criminel, quand je serai mort, dans un instant, faites-moi la charité de vous détourner de votre route, en rentrant dans vos maisons, montez au Puy, je vous en supplie et récitez un *Ave Marià*, devant l'autel de la Vierge, pour le salut de mon âme.

Il ne lui restait plus qu'à mourir.... Il embrassa les aumôniers, s'agenouilla lentement en s'appuyant sur un coude et offrit sa poitrine aux balles qui l'abattirent. — Deux fois nous défilâmes en colonne devant ce cadavre, au son de la musique et des tambours, tandis que la foule silencieuse des habitants d'Estella, se dirigeait vers l'église pour accomplir le dernier vœu de l'infortuné soldat.

Quand nous arrivâmes aux portes de la ville, nous nous rencontrâmes avec Mérino, qui averti par le généreux officier qu'avait assassiné Miguel, accourait à toutes brides, pour demander un sursis à l'exécution... Mais justice était faite.

Il y a bien des réflexions à faire en méditant sur ce caractère d'homme, qui a conservé sa beauté native au milieu d'habitudes basses et vicieuses, résultats de sa position sociale et du manque d'éducation.

Je ne sais si, en visitant parfois un cimetière, vous avez été frappé d'une pensée que, du reste, M. de Fontanes a rendue en magnifiques vers dans son poème des morts. Combien de génies élevés, de beaux talents ignorés dorment dans ces modestes tombeaux dont l'inscription ne rappelle que des noms, des professions vulgaires! Combien d'âmes, produites pour comprendre et faire de grandes choses, se sont envolées vers le Ciel, sans avoir trouvé une occasion pour pouvoir développer ici-bas le germe puissant qui existait en elles.

Commissaires anglais.—Artaza.—Traité-Elliot. — Succès militaires. — Famille O'Donnel.

L'humanité se révoltait à la vue et au simple récit des excès de cruauté qu'enfantait la guerre civile en Espagne. En effet, c'était chose horrible. Le fait seul de massacrer après le combat les malheureux que le sort avait jetés aux mains des vainqueurs, était une atrocité inouïe dans une époque de civilisation : nos soldats éprouvaient un sentiment de dégoût et de terreur pour ces affreuses exécutions. Combien en ai-je vu chercher, à prix d'or, à se faire remplacer dans le peloton qui devait fusiller les prisonniers, ou faire feu sur eux en versant des larmes ! Cependant rien n'annonçait un terme au système de représailles. Toutes les avances que nous faisions journellement pour la faire cesser demeuraient sans résultats auprès du gouvernement de Madrid. Eh mon Dieu ! que leur importait, à ces honnêtes gouvernants, que l'on se tuât ou que l'on ne se tuât pas en Navarre, séparés qu'ils étaient de cette province par quatre-vingts bonnes lieues et par la ligne militaire de l'Ebre ? Et puis, pour ne pas faire cesser l'effusion du sang, ils donnaient, ces excellents ministres, une raison puissante aux compatissantes marquises de la cour, tout en se rendant au *Prado* ou *al principe* : c'est que ce serait grandir aux yeux de l'Espagne la valeur de la faction carliste que de traiter de pair avec elle.

Enfin une éclatante victoire et l'intervention,

je voudrais le croire, toute généreuse d'une grande nation (l'Angleterre) vinrent réaliser les vœux que nous formions, dans les deux camps, nous autres soldats exposés chaque jour au carnage.

Un ministère tory était alors aux affaires en Angleterre. Par pudeur, il crut devoir faire quelque chose pour la cause royaliste en Espagne en envoyant deux commissaires chargés de proposer des moyens de conciliation. Ces Messieurs étaient lord Elliot et le colonel Gurwoord.

Dès leurs premiers pas dans les provinces jusqu'à leur arrivée au quartier royal, ils manifestèrent le plus grand étonnement : ils avaient cru rencontrer un pays ravagé, et au milieu de bandes fugitives, le Roi réduit au rôle de guérillero.

La belle culture des terres, l'aspect militaire des troupes, la bonne tenue de la maison royale, et surtout, m'a-t-on assuré, le confortable des dîners qu'on leur servit à Ségura, leur donnèrent une meilleure idée de notre situation : ils pensèrent que des gens qui pouvaient offrir de pareils repas n'étaient pas prêts à se rendre, et au lieu de préparer des arrangements, ils se contentèrent d'apporter leur

intervention pour un cartel d'échange de prisonniers. Leur mission n'aurait été qu'une démarche d'humanité de la part de S. M. le roi
d'Angleterre.

Aux premières ouvertures, Charles V et Zumala-Carréguy répondirent que c'était leur
vœu le plus cher d'arrêter le cours des représailles; que déjà même ils avaient maintes fois
pris l'initiative sur ce point, quoiqu'au fait,
l'armée royale eût moins d'intérêt que l'armée
constitutionnelle à un semblable arrangement,
puisque faisant la guerre dans un pays ami,
nous ne perdions qu'un homme contre cent
que perdait l'ennemi. Seulement ils craignaient
que ces nouvelles propositions ne fussent reje-
tées par les généraux de Christine.

Les choses en étaient là, lorsqu'eut lieu l'affaire brillante d'Artaza. Le général Valdez,
voulant signaler ses premiers pas par un
grand coup, vint avec seize mille hommes
pour attaquer et envahir les Amescoas, où nous
avions nos magasins, nos hôpitaux, nos fabri-
ques d'armes. Nul doute que si Valdez eût
mené son armée en masse, par l'entrée de la
vallée, il n'eût facilement balayé les dix bataillons que nous pouvions seulement lui oppo-
ser. Mais trop ambitieux, il espéra nous enve-

lopper nous-mêmes, et il étendit ses troupes sur une ligne d'une lieue. Ces préparatifs lui enlevèrent toute la journée du 21, et il dut camper à la Venta d'Urbaza, dans le vaste désert de la Sierra, où pendant la nuit entière souffla un vent glacial du nord.

Le 22, Zumala-Carréguy, ayant de son coup-d'œil d'aigle jugé la position de l'ennemi, résolut de lancer une forte colonne serrée sur un point de cette ligne, faible à cause de son étendue, certain, par ce hardi mouvement, de la couper en deux. Ou bien l'ennemi s'effrayerait et la victoire était gagnée, ou bien notre colonne s'écoulerait de l'autre côté par le défilé d'Artaza et notre retraite était sûre.

L'attaque fut exécutée par les bataillons groupés, ayant en tête les Guides de Navarre, tandis que des compagnies laissées en tirailleurs occupaient le reste de la ligne de nos adversaires. Un instant les Guides hésitèrent ; mais ils furent entraînés par l'exemple de Zumala-Carréguy, qui s'avança à leur tête à pied, après avoir donné son cheval à un blessé.

Ce qui avait été prévu par le général, arriva, la soudaineté de l'attaque mit le désordre dans les rangs ennemis, désordre augmenté par la conscience du danger qu'ils allaient courir.

Les Amescoas avaient été une fois brûlées et saccagées par eux. Déjà ses habitants, mus par la vengeance et connus d'ailleurs pour les plus exaltés royalistes de la Navarre, venaient par bandes se joindre à nos soldats en poussant des cris sauvages.

Ce fut une boucherie.—Lord Elliot, présent, put juger, par la vue du carnage, de la sainteté et de l'importance de la mission qu'il avait à remplir, il put puiser l'éloquence nécessaire pour convaincre les christinos, dans le spectacle de leurs soldats fusillés par centaines et dont quelques-uns cependant obtinrent la vie, grâce à l'intercession du noble anglais.

Une convention pour l'échange des prisonniers fut définitivement signée le 28 avril 1835.

Ce même jour nous laissâmes nos lugubres drapeaux noirs à têtes de mort, pour en reprendre d'autres rouges aux armes d'Espagne.

Avec quel orgueil j'aurais vu, moi Français, ma patrie prendre l'initiative sur l'Angleterre, pour cette honorable démarche d'humanité et de civilisation !

Quand elle fait quelque chose de bien, la France, au moins, le fait sans arrière-pensée de vils intérêts, c'est une justice à lui rendre :

voyez l'expédition de Morée. Mais ne doit-on pas redouter jusqu'aux présents des Anglais ! *Timèo danaos.....* Au reste, dans ses vrais intérêts, j'entends ceux d'honneur national, l'Angleterre aurait dû s'en tenir à l'influence vraiment digne qu'elle avait prise sur les affaires d'Espagne par le traité Elliot. Pourquoi a-t-elle envoyé depuis contre nous cette légion qui a avili le drapeau britannique en essuyant vingt défaites, si l'on veut, rachetées par le *glorieux fait d'armes d'Irun*? Pourquoi surtout a-t-elle osé jeter des millions, prix de la trahison de Maroto, dans la balance où se pèsent les destinées de la péninsule? C'est être de moitié dans une infamie que la payer.

Il semblerait que Zumala-Carréguy eût attendu le moment où il pourrait être généreux après la victoire, pour porter ses plus grands coups à l'ennemi. Je voudrais par la rapidité de mon style exprimer ici la rapidité des triomphes qui se succédèrent pour notre cause. Le génie de notre général s'élevait à la hauteur de nos entreprises toujours plus audacieuses. Une de celles qui firent le plus d'honneur à nos armes, fut le siége de Villafranca. Cette ville, bien fortifiée, défendue par une nombreuse garnison aux ordres d'un excellent officier, le commandant Biscaret, nous tint huit jours devant ses murs. Déjà elle avait repoussé heureusement un assaut dont la non-réussite faillit amener contre un bataillon de Guipuscoa, un acte de sévérité comme celui d'Echarry-Arranaz, lorsqu'enfin elle dut capituler, faute de secours. De trois corps d'armée qui accouraient la protéger, un, celui de Valdez fut tenu en échec, les deux autres complétement battus, la division d'Oraa à la sortie du Bastan, celle d'Espartéro à Descarga, petit village à deux lieues de Villafranca.

L'affaire de Descarga coûta à Espartéro, trois mille hommes que nous lui prîmes. Ce général, que nous avions coutume d'appeler *el desgraciado* (le malheureux), s'acheminait, comme on le voit, par une singulière route, au titre pompeux de duc de la Victoire.

Don Benito Eraso, Sagastibelza, Gomez, Sarraza, secondaient de tous côtés avec bonheur les plans de Zumala-Carréguy.

. Je ne puis donner ici la liste de toutes les places dont la prise suivit celle de Villafranca. Tolosa, Hernani, Salvatierra, Treviuno, Ochendiano, Bergara, Eybar, Durango et d'autres villes moins importantes reconnurent de gré ou de force l'autorité du légitime souverain.

Plus de sept mille prisonniers, trente pièces de canon furent les trophées d'un mois de gloire : Les conséquences furent l'évacuation, par l'ennemi, des provinces à l'exception de leurs capitales, la démoralisation complète de l'armée constitutionelle , un redoublement extraordinaire d'enthousiasme parmi les volontaires royalistes.

Les soldats de Christine ne voulaient plus se battre et fuyaient au seul nom de Zumala-Carréguy, leurs officiers encombraient de demandes de retraite les cartons du ministère.

Le gouvernement de Madrid tournait déjà les yeux vers Cadix. Le moment était venu de passer fièrement l'Ebre : déja les ordres était donnés. Quand une volonté supérieure vint déranger les plans du général et lui imposer le siége de Bilbao. De misérables tripotages d'argent et des exigences aussi misérables de la politique étrangère , demandaient , dit-on , l'occupation de cette ville pour garantie d'un emprunt et de la reconnaissance de Charles V.

Zumala-Carréguy, comme frappé d'une fatale prévision, offrit sa démission. Sa Majesté la refusa : sujet fidèle, ce grand capitaine fit abnégation de son génie et de sa gloire en obéissant à son roi.

Nous marchâmes sur Bilbao !

Tant de victoires n'avaient été, comme on doit le croire, achetées qu'au prix de sang bien précieux. Un des plus braves de l'armée royale, Carlos O'Donnel, commandant général de notre cavalerie, avait été tué dans une rencontre aux portes de Pampelune. C'est une des plus grandes pertes que nous ayons jamais faites.

Rien ne peut donner une idée exacte des déplorables effets d'une guerre civile, comme le sort de toute cette noble et brillante famille des O'Donnel.

Deux O'Donnel servaient dans les rangs ennemis : l'un, fils du comte de Labisbal, fut pris par les nôtres, en sauvant, avec sa compagnie, une division entière : il fut fusillé. L'autre, son cousin germain, don Léopoldo O'Donnel, a commandé la ligne de St-Sébastien et opère dans ce moment en Aragon contre Cabréra. Les deux frères de Léopoldo sont morts pour Charles V : Carlos, comme nous l'avons vu, au champ d'honneur ; Juan à Barcelonne, où traîné prisonnier, lors de l'expédition de Guergué en Catalogne, il fut massacré par des furieux et mis en lambeaux dans les rues.

Le plus jeune des quatre frères, don Henrique, servait dans notre état-major.

Madame O'Donnel la mère, portant encore le deuil de ses fils, Carlos et Juan, se promenait un soir sur la route de Tolosa à St-Sébastien, accompagnée d'une de ses malheureuses belles-filles. Toup-à-coup elles voient poindre, dans la direction d'Andouain, d'immenses colonnes de feu. Des groupes de paysans apparaissent amenant avec eux des blessés et poussant d'affreuses menaces contre Leopoldo O'Donnel, l'incendiaire, qui vient de brûler quatre-vingts maisons! La pauvre mère, toute frissonnante, s'empresse de revenir sur ses pas. Dans la nuit on la réveille; il n'y a pas de temps à perdre : l'ennemi s'avance, il va occuper Tolosa. Hélas! s'écrie-elle, en versant des larmes, on va donc voir une mère fuyant devant son fils!

Le sermon d'un Moine. — L'Étendard de la Vierge.— Messe au Camp.

Les maîtres du libéralisme ont proclamé, dans ces derniers temps, à son de trompe, que le triomphe de don Carlos serait le triomphe des moines et de l'inquisition : tout aussitot le *servile pecus* des adeptes de crier en chœur : le triomphe de don Carlos serait le triomphe des moines et de l'inquisition ! Donc que l'on mette ce prince et ses crédules défenseurs au banc de la société, de la civilisation européenne, que les peuples éclairés courent sus aux champions de l'obscurantisme; que l'on intervienne en Espagne. Avouons cependant que l'on pourrait bien demander de quel droit la France, l'Angleterre ou toute autre nation interviendrait dans les affaires de l'Espagne; si, en définitive, les Espagnol voulaient Charles V, même avec le cortége que l'on veut lui prêter de moines et d'inquisiteurs. Quoiqu'il en soit, il est curieux d'entendre des personnes qui ne s'étonnent pas à voir les ambitions et les illusions déçues de la jeunesse, chercher un remède dans le suicide, s'irriter au seul nom des cloîtres. Ils comprennent facilement que l'homme qui a souffert dans le contact de la société, se sépare violemment de cette société en entrant dans les profondeurs de la tombe; mais il regarde comme une immoralité que le malheureux, pour s'éloigner d'un monde qui l'a trompé, s'entoure des murs épais d'un couvent. En effet celui qui, dans son désespoir, se rue sur la mort, n'est-il pas un être plus utile à ses semblables, plus courageux pour lui-même que celui qui accepte une longue vie de prière, de méditations et d'œuvres de charité? admirablement raisonné! Mais, diront certains philantropes qui portent dans leurs cœurs les tribunaux benins de quatre-vingt-treize, que vos moines se renferment dans leur solitude, qu'ils y prient, à la bonne heure, nous les tolérerons; mais qu'ils ne viennent pas imposer au monde la sombre influence de leurs caractères irrités et rendus haineux par les privations du cloître. Qu'ils n'essayent pas de nous rammener aux mœurs féroces, aux usages supertitieux du XIIe siècle.

Eh bien! obtiendrez-vous jamais de l'ambition monacale qu'elle se tienne dans les limites des monastères? Obtiendrez-vous par exemple qu'il existe des moines en Espagne sans qu'aussitot vous les voyiez s'asseoir sur l'infâme siége des inquisiteurs?

Comme on le voit, ces gens parlent assez bien, et moi-même je conviens que l'inquisition était un tribunal barbare, du moins au temps de Philippe II, quand, du reste, tout était barbare dans les coutumes et les mœurs de l'Europe entière. L'on serait étonné, si j'ajoutais que cette opinion est encore celle du prince espagnol dont on veut à toute force dénaturer les intentions si pures, et celle du clergé espagnol qu'on se plaît à calomnier.

Si Charles V monte un jour sur le trône de ses pères, il saura donner à son gouvernement une marche en harmonie avec le mouvement de la civilisation actuelle, et quoiqu'éminemment religieux, il n'accordera au sacerdoce qu'une influence sage et éclairée, la seule, du reste, que celui-ci réclame.

C'est par des faits que je vais encore mieux répondre que par des mots.

Durant la période de gloire et de bonheur pour nos armes qui précéda la mort de Zumala-Carréguy, et qui fut comme le dernier élan de flamme que projeta ce brillant flambeau avant de s'éteindre pour toujours, je me trouvais de passage à Oñâte. Cette petite ville, résidence momentanée de Sa Majesté, était alors dans un état d'agitation joyeuse difficile à décrire. A chaque écho qui venait y retentir d'une nouvelle victoire, se manifestaient les bruyantes espérances d'un prochain triomphe. Ce n'était qu'étrangers venant saluer le roi d'Espagne, qu'aides-de-camp apportant de glorieux bulletins, que prisonniers de guerre, que canons conquis arrivant de tous les points. Madrid! Madrid! nous écriions-nous déjà de toute la force de nos ambitieux desirs, sans prévoir, hélas! la catastrophe qui nous menaçait et allait changer nos lauriers en cyprès, nos transports d'ivresse en un deuil affreux.

Les fêtes de la Pentecôte étaient survenues. Je me rendis à la messe du roi. Après l'évangile, une des jeunes lumières du clergé espagnol, l'aumônier de la compagnie des gardes, monta dans la chaire pour parler sur la solemnité du jour.... Après avoir prouvé d'une manière brillante la divinité de la religion chrétienne qui, forte d'elle-même, a envahi l'univers entier et dominé toutes les puissances de la terre, n'ayant été cependant préchée que par de pauvres pêcheurs et des hommes obscurs selon le monde, après avoir rapidement résumé tous les obstacles que cette divine religion avait dû surmonter pour arriver à son triomphe, l'orateur établit un ingénieux parallèle entre la marche progressive du christianisme et les succès de la cause de Charles V, protégée par le ciel. Puis s'adressant respectueusement au roi, il lui parla à peu près dans ces termes : Sire, le bruit de victoire qui, depuis quelques jours, vient retentir à nos oreilles, m'annonce que bientôt les fidèles défenseurs de vos droits légitimes auront replacé Votre Majesté sur le trône de ses pères. Bientôt, Sire, pour marcher vers la capitale de vos Etats, vous allez abandonner cette terre héroïque, dont il n'est pas une pierre qui n'ait été arrosée de sang versé pour vous. Ce sang répandu, vos braves soldats ne le regrettent pas, ils sont encore prêts à en faire couler le reste. Mais au nom du ciel, Sire, du milieu de votre palais de Madrid, souvenez-vous que, de même que Jésus-Christ a dû la glorification de son Église non aux chefs de la Synagogue, aux riches, aux savants de la terre, mais à d'humbles pêcheurs pleins de foi, que de même que Jésus-Christ honore maintenant ses fidèles apôtres dans le ciel, où il les a placés à sa droite, de même vous, roi d'Espagne, vous devez la glorification de votre couronne, non aux grands du royaume, aux chefs de la nation, mais à de pauvres paysans, à de pauvres soldats animés d'un dévouement à toute épreuve; De même vous, roi d'Espagne, vous devez honorer ces humbles instruments de votre triomphe, en les élevant jusqu'aux degrés de votre trône. Mais pourquoi parlé-je ainsi au meilleur, au plus noble des rois. Dormez en paix, ombres des braves, dormez en paix dans les vallées et montagnes de la Navarre, qui vous servent de glorieuses sépultures. Si l'heure de la victoire sonne pour Charles, il sait qu'il vous la devra, il honorera votre mémoire; du sein des pompes de Madrid, il reportera sur vous un souvenir d'amour et de reconnaissance, il soutiendra de ses bienfaits vos veuves et vos mères éplorées. Et vous qui, plus heureux, avez été épargnés par la mort dans cette lutte sanglante, continuez par de généreux efforts à servir les desseins de Dieu sur notre bien-aimé monarque, et comptez sur son cœur paternel pour récompenser vos victoires.

Qu'on le dise, la presse libérale pourrait-elle parler elle-même en de meilleurs termes à un roi constitutionnel?

En France, j'ai entendu souvent traiter de fanatisme la pensée pieuse qui porta le roi catholique d'Espagne à mettre son armée sous la sauve-garde de la Mère de Dieu. Que d'agréables plaisanteries n'a-t-on pas faites sur le fameux étendart de la Vierge donné par Charles V à ses fidèles soldats! Moi, qui ai versé mon sang sous ce drapeau, et qui suis intéressé à défendre son honneur, je pourrais ne dire

qu'un mot : c'est qu'il a été entouré d'assez
de gloire pour être respectable aux yeux de
tous ceux qui portent un cœur bien placé.
Mais, en vérité, je suis surpris que l'on s'é-
tonne que chez une nation religieuse, une image
sacrée soit déployée à la tête des armées,
plutôt que celle d'un coq ou d'un aigle, ou
de toute autre chose. Dans le tumulte de la
mêlée, le malheureux qui se roule sous les
convulsions de la mort, ne trouve-t-il pas
quelque consolation en levant son regard
vers cette image sacrée, qui semble lui
parler encore quand tout l'abandonne ici-
bas! Vous le savez, le chevalier sans peur,
Bayard expirant, se faisait une croix de la
garde de son épée pour réciter sa dernière
prière. Maintenant, dites-le moi, dans le culte
catholique, quel signe plus consolateur pourrait se choisir, que l'image de cette Vierge
divine, le plus doux intermédiaire des hommes
auprès de Dieu, de cette Vierge qu'enfants nous
avons commencé à prier dans l'oraison touchante que nos mères nous ont mise dans la
bouche, et qui arrachait des larmes au sceptique
lord Byron. Je voudrais que ceux qui croient
que les idées religieuses sont incompatibles
avec l'état militaire, eussent été, comme moi,

témoins du spectacle sublime du saint sacrifice célébré dans un camp ou sur un champ de bataille. Quelques instants nous séparaient de l'heure du combat. A l'agitation sourde des préparatifs guerriers succédait un solennel silence. Un groupe de tambours surmonté d'étendarts s'élevait en forme d'autel ; un vénérable prêtre s'avançait gravement revêtu des habits sacerdotaux, et commençait le sacrifice saint, appelant la miséricorde de Dieu sur les folies des hommes. Bientôt l'hostie consacrée s'élevait majestueusement éclairée par les rayons du soleil levant. Les trompettes frappaient les airs, et allaient retentir sur les collines voisines où l'ennemi, nous admirant en silence, se découvrait lui-même avec respect. Nos braves montagnards penchaient humblement leur front vers la terre, puis tout-à-coup, se relevant fièrement à un dernier roulement des tambours, demandaient à grands cris le combat : ils avaient puisé dans la prière de la force pour mourir.

Il n'est rien de plus naturel, de plus beau, de plus poétique que l'alliance des pompes de la religion et des pompes de la guerre.

Siége de Bilbao.
— Mort de Zumala-Carréguy.

Malgré les faibles ressources de notre matériel, le siége de Bilbao fut conduit avec vigueur, grâce au génie actif de Zumala-Carréguy et aux efforts admirables du commandant de l'artillerie, le brave et savant colonel Reyna. Trois fois les divisions qui se présentèrent pour secourir la place furent refoulées sur Portugalette. Le trouble et la terreur régnaient dans la ville où l'on parlait de capituler.

Un coup inattendu vint trancher nos justes espérances.

Le général du haut d'un balcon que venait atteindre le feu de l'ennemi, achevait d'examiner les points sur lesquels il pourrait tenter un assaut. Déjà il se retirait en disant avec gaîté : « Ne nous faisons pas tuer pour rien, » quand il se sentit frappé à la cuisse par une balle lancée au hasard. Desuite il demanda à être conduit au village d'Ormaisteguy chez son frère, remettant le commandement de l'armée à don Benito Eraso. La blessure, du reste, était si peu grave que, lui-même, porté par des soldats du bataillon des Guides, vint rassurer en personne les troupes alarmées, nous promettant de revenir dans quelques jours. Hélas! quelques jours s'écoulèrent, et le grand homme n'existait plus!

Une fièvre bilieuse et un transport au cerveau, maladies produites par de récentes contrariétés et par les derniers travaux de la campagne, et contre lesquelles avait à peine lutté l'ignorance de deux médecins de village, furent, je crois pouvoir l'assurer, les uniques causes de sa mort.

On a parlé d'empoisonnement, comme il arrive toujours à la mort des grands personnages. Nul doute que s'il se fût élevé le moindre soupçon sur un pareil crime, un cri accusateur n'eût été hardiment jeté par deux nobles officiers, chers à Zumala-Carréguy, Arjona et de Vargas. Ces Messieurs se trouvèrent à ses derniers moments, et furent chargés par Sa Majesté d'assister à l'inhumation et de sceller le cercueil du cachet royal.

Zumala-Carréguy mort, on fit comme à la mort de Turenne, en France, on battit monnaie de généraux. Des gens qui nous étaient inconnus surgirent avec des commandements. L'état-major se grossit outre mesure ; on mit, pour la première fois, en avant le mot de cour ; on fit des plans magnifiques. En attendant, on levait le siége de Bilbao , le soldat cessait , à compter de ce jour, de recevoir sa paye ; l'armée commençait à savoir ce que c'était que le découragement.

Cependant une joie indécente perça, je m'en souviens, sur le front de quelques-uns que je ne veux pas nommer, les mêmes qui préparèrent plus tard la trahison de Maroto.

Le roi pleura amèrement la perte de son fidèle serviteur. Mais qui pourrait peindre le sombre abattement, la farouche douleur des bataillons , en recevant la fatale nouvelle ! longtemps on voulut douter de cette mort. Enfin , il fallut reconnaître la triste vérité. Alors ce fut toute la fureur d'un violent désespoir. Quelle plus magnifique oraison funèbre , que ce concert de plaintes exprimées dans un naïf langage, par de pauvres soldats pleurant leur général comme des fils pleurent leur père !

Un dernier trait manque à l'éloge du noble Zumala-Carréguy. Huit huit jours après sa mort, nous vîmes vendre ses chevaux de bataille : sa veuve n'avait pas d'argent pour faire le voyage de Bayonne en Navarre.

Il est un lieu retiré, où furent déposés, dans un profond secret, les restes glorieux du grand homme, en attendant le jour où la reconnaissance royale pût les conduire aux caveaux de l'Escurial, parmi les sépultures des souverains de l'Espagne. Trois ans encore, cette solitude fut troublée par des échos de guerre, qui bruissaient autour d'elle. Réveillée par ces sourdes rumeurs l'ombre du héros se réjouissait. Mais toup-à-coup elle s'est émue; Zumala-Carréguy s'est levé dans son cercueil, il écoute : un profond silence règne au loin; le pas des soldats ne se fait plus entendre, le canon se tait, la terre ne remue plus sous le poids des armées. Nul doute, la tâche qu'il avait commencée s'accomplit; la paix est rendue aux provinces fidèles; les Volontaires se sont élancés sur la Capitale : Charles est à Madrid! Rentrez dans votre tombeau Zumala-Carréguy, pour ne pas voir un lamentable spectacle! Les provinces fidèles gémissent dans l'esclavage, votre Roi bien-Aimé est dans l'exil, vos braves soldats mangent un pain amer sur la terre étrangère! Mais consolez-vous dans votre douleur : ils n'ont pas été vaincus, ils ont été trahis! ils ont brisé leur épée plutôt que de se rendre!... ils ont sauvé leur drapeau. Et maintenant qu'ils sont pauvres et malheureux, ils n'est pas un d'eux qui voulût échanger sa misère contre l'or ramassé dans la boue par l'homme qui les a vendus.

Charles de Bourbon.

Voilà ce que l'histoire dira un jour de Charles de Bourbon :

Il fut un prince appelé par les lois fondamentales du royaume à gouverner une des grandes monarchies de l'Europe. Son frère, auquel il devait succéder, languissait sous les dernières atteintes d'une incurable maladie. Cependant de misérables intrigants, des fauteurs de troubles, des femmes de cour, arrachaient à la faiblesse d'un pauvre mourant un décret qui changeait l'ordre de succession , déshéritait le prince de la couronne et l'envoyait en exil, comme pour débarrasser le moribond d'un remords présent.

Les amis du prince lui conseillèrent de désobéir; de ne pas aider, par son absence, les plans perfides de ses adversaires; bien plus, de hâter les événements, en arrachant de suite le pouvoir à un vieillard débile tombé dans l'enfance. Mais, pour lui, ce vieillard était un père et un roi, dont il voulait être, jusqu'au dernier moment, le plus aimant et le plus fidèle des sujets. Il partit pour l'exil, s'en rapportant à son bon droit et à son épée pour revenir occuper le trône, lorsque la mort en aurait précipité le présent possesseur.

Enfin, la tombe s'ouvrit pour le vieux monarque; le prince était devenu à son tour roi légitime aux yeux sacrés de la loi. Pour conquérir sa couronne, que n'a pas craint de ceindre l'usurpation éhontée! Il s'échappe des lieux où des étrangers le retiennent contre toute bonne foi; il franchit les distances, vole vers sa patrie, où l'appelle une poignée de braves qui ont arboré sa bannière.

Cinq ans, dans un coin de terre fidèle il affronte, avec quelques paysans armés, toute la puissance de ses ennemis, forts des ressources d'un gouvernement établi et de l'appui de deux nations redoutables. Pendant qu-il a pour courtisans des soldats, qu'il vit au milieu d'eux, qu'il partage leurs privations, leurs dangers, qu'il étonne l'Europe de son courage, sa sagesse gouverne avec art le territoire où vraiment il règne ; sa justice et sa piété éclairées y font fleurir les lois et la religion.

Ce n'est pas encore assez pour lui de pratiquer le rude métier de roi, il veut que son fils en fasse, à ses côtés, l'apprentissage, préparant ainsi au pays deux générations de bons rois. Mais l'œuvre commencée par l'héroïsme est brutalement brisée par la trahison, cette grande entremetteuse de solutions politiques dans des temps de corruption.

Ne pouvant plus se défendre, le prince malheureux brisa son épée et vint s'asseoir en fugitif au foyer (dira-t-on hospitalier!) d'un peuple auprès duquel il était calomnié, et qui s'étonna à voir tant de majesté dans l'infortune.

Voilà ce que dira l'histoire, et lors même, ce qu'à Dieu ne plaise, tout serait fini pour les espérances de Charles de Bourbon, ne croyez-vous pas que son nom passera à la postérité comme le nom *d'un roi*, plus peut-être que si l'histoire eût dit : « *Tel jour, Charles V, roi d'Espagne et des Indes*, *a été couronné au palais de Madrid;* » ou bien encore : « *Tel jour, Charles V, roi d'Espagne et des Indes, a été inhumé dans les caveaux de l'Escurial?* » Il y a tant de rois dont toute la vie politique se réduit au récit des pompes de leur sacre et des pompes de leurs funérailles !!

Ce serait ne faire qu'à demi l'éloge de Charles V, que ne pas y mêler celui de la femme dont le sort est si intimement uni au sien, la compagne de sa gloire et de son infortune. On est heureux de pouvoir offrir à la reine Marie-Thérèse d'autres louanges que les louanges banales que l'on dépose chaque jour aux pieds des princesses. Mon hommage sera le récit d'un seul fait de sa vie.

Après la capitulation d'Evora, les officiers qui avaient suivi la famille royale en Portugal, s'embarquèrent avec elle pour l'Angleterre. Arrivés à Portsmouth, ces Messieurs se trouvaient dans le dernier dénuement. Déjà l'aristocratie anglaise préparait des listes fastueuses de souscription. La princesse de Beira réunit chez elle les fidèles espagnols : « Mes amis, leur dit-elle avec énergie, je pense que ce sera soutenir l'honneur de notre pays que de ne pas mendier des secours de l'étranger. Voici mes diamants que je vais faire vendre et dont le prix, je l'espère, pourra peut-être vous aider à attendre le jour heureux de notre entrée en Espagne. »

Officiers Français à l'Armée royale d'Espagne.

A vous, maintenant, chers amis, Français qui, sur la terre étrangère, fûtes mes compagnons d'armes, à vous la dernière pensée que trace ma plume ; à vous les plus vivants de mes souvenirs, souvenirs de douleur pour les pertes qui ont éclairci vos rangs, souvenirs de tendresse pour la confraternité qui nous unissait, souvenirs d'admiration pour votre rare courage, votre admirable constance.

. Qu'il me soit donc permis de verser ici quelques larmes sur ceux qui ont péri au champ d'honneur, Aubert, Lamidore, Bezard, Chevannes, Larochefoucault, Pelletier, Barrez, Boulan de Brie, Rubichon, Vidame de Clacy, nobles victimes à la gloire desquelles il ne manque que d'être morts pour la France ; qu'il me soit permis de rendre hommage au sang maintes fois répandu par de Tandé, par Garnier, ces jeunes officiers courageux sur le champ de bataille et sur le lit de douleurs ; par Alexis Sabatier, qui semblait ne vouloir fermer une blessure que pour exposer à un second coup son corps sillonné par le feu, donnant ainsi un exemple trop suivi à son jeune frère ; par cet aimable vicomte de Velard, qui, à son début dans la carrière, frappé en même temps de deux balles, sut conserver cette gaîté stoïque que l'on croit seulement l'apanage des vieux soldats français !

Qu'on m'accorde le droit de rappeler dans ces pages les noms qui me sont chers, d'Alphonse de Barrez et d'Arthur de Lalande, dont l'éloge, si je disais tout ce que je sais de leur caractère et de leur intrépidité, paraîtrait une flatterie de l'amitié.

Que je puisse parler de cet excellent baron de Los-Valles, qui ne se servait de la tendresse royale et ne voulait du crédit que lui avaient donné ses services, que pour être utile à ses compatriotes.

Que je puisse enfin citer avec orgueil tous les français qui ont mérité en Navarre l'épithète de braves : c'est les nommer tous.

Les vicomtes de Labarthe et de Rochemore, de Saint-Allais, Amédée de Barrez, Guettier de la Cour, Gauthier, de Pontoux, de Ramsault, de Montillet, d'Argy, de Pina, de Lestaing, et tant d'autres que je n'ai pus connaître durant la longue captivité qui me sépara des rangs de l'armée.

Je ne vous oublierai pas non plus, nobles étrangers, qui vous étiez si intimément confondus avec nous autres français, Eniksel, Katsner, Encisa; ce brave, ce loyal Encisa qui vient de protester hautement contre la félonie, en jetant à la face des acheteurs les deniers dont on voulait payer la vente de sa fidélité.

Compagnons d'armes, réunis un instant pour la défense d'une cause sainte, vous vous êtes séparés, quand vous avez vu que vos efforts étaient inutiles pour le soutien d'un drapeau abattu par la trahison. Peut-être ne sommes-nous plus destinés à nous revoir, mais rappelons-nous toujours que nous avons été frères, que ce soit toujours entre nous à la vie, à la mort.

Comme on le voit, dans ce livre, j'ai voulu surtout célébrer tout ce qui s'est fait de grand, de généreux pour la défense du principe sacré de la légitimité en Espagne. Ce serait une injustice que de ne pas y placer avec honneur les noms de quelques personnes dont le dévouement pour servir notre cause, fut si parfait. L'éloge d'un beau caractère n'est pas une indiscrétion ; M. le marquis d'Hautpoul , à Toulouse; M. Meyer, à Bordeaux ; à Baïonne , M. le marquis de Lalande et M. Théodore Détroyat, se montrèrent ce qu'on les connaissait déjà , des royalistes consciencieux et désintéressés , des hommes d'action et de cœur.

Non-seulement Théodore Détroyat rendit les plus éminents services à la cause, mais encore à bien des individus de la cour et de l'armée de Charles V. Cependant, il rencontra des ingrats ; il s'en vengea par un noble mépris, satisfait de l'assurance que lui donnait encore, dans ces derniers temps, le roi d'Espagne , de le regarder toujours comme un ami.

CONCLUSION.

Un instant, j'avais eu la pensée de dérouler dans mon livre le vaste tableau des cinq années de la guerre civile en Espagne, mais bientôt j'ai vu que je devais me borner à en esquisser seulement quelques traits. Ma main mutilée dans les combats, et à peine assez forte pour supporter le poids d'une plume, se refusait à une longue tâche.

Parmi les époques bien distinctes de succès et de revers qui signalèrent les différentes phases de la lutte engagée naguère dans les montagnes de la Navarre, l'époque qui précéda la mort de Zumala-Carréguy m'a paru la plus propre à servir de cadre à quelques *souvenirs*.

Mes regards, quand il se rejettent en arrière, s'arrêtent avec complaisance sur ce temps de fidélité, de désintéressement et de gloire. D'ailleurs, c'est avec une double répugnance que j'eusse porté mes récits plus avant.

Ayant eu le malheur d'être blessé et fait prisonnier dans un même jour, j'aurais eu nécessairement à parler de ma longue captivité, par conséquent de moi-même. J'aurais dû en outre repasser par le dédale ténébreux des trahisons et des tripotages honteux, qui nous conduisit à la catastrophe. Et au fait, quand j'y songe, qu'aurais-je pu dire sur toutes ces choses? Du moment où l'on s'occupa à faire de l'intrigue, au lieu de faire la guerre, avons-nous jamais su ce qui ce qui se tramait autour de nous, nous autres soldats que l'on trompait, pendant que nous versions notre sang!

Quoiqu'il en soit, si ce premier Ouvrage, bien imparfait sans doute, n'est pas reçu avec trop d'indifférence, peut-être me déciderai-je à reprendre un travail devant lequel je recule dans ce moment.

Grâces à Dieu! j'aurais encore, même en

racontant nos plus mauvais jours, de nobles
sujets d'admiration à présenter dans mes pages, aux noms flétris de Maroto et de ses compagnons, j'opposerais les noms purs et sans
tache des Eguia, des Elio, des Zariateguy, des
Villaréal. Je voilerais les lignes honteuses du
traité de Bergara avec la fumée du dernier coup
de fusil, tiré, pour la défense d'un roi malheureux, sur les bords de la Bidassoa.

TRAHISON DE MAROTO.

CABRERA.

Situation actuelle de la cause royale en Espagne. — Trahison de Maroto. — Cabrera.

Notre grand défaut, à nous autres royalistes, dans les luttes politiques, est de nous laisser décourager tout d'abord qu'il surgit quelque événement fatal qui semble compromettre notre cause. Alors le parti, selon l'expression du vicomte de Chateaubriant, se *rattatine*, il s'efface, il se fait petit, il ferme les yeux, courbe les épaules, et d'une voix peureuse il marmotte : *tout est perdu.*

Est-ce donc en nous attaquant avec une inconcevable persévérance, que nos adversaires nous ont appris à nous défendre avec tant de faiblesse, avec si peu de suite dans la résistance ? Prenons exemple sur eux. Le combat existe : eh bien ! n'y eût-il plus qu'un seul homme pour soutenir ce combat, tant que cet homme est debout sur la brèche, au lieu d'affaiblir son courage par nos lamentations, animons-le par d'énergiques paroles; il sera toujours temps de pleurer quand nous serons entièrement vaincus.

C'est un beau mot de ralliement, que cette vieille devise française : *Vive le roi quand même.*

Certes, si nous devons, royalistes, avoir sans cesse foi dans le triomphe de la bannière de la légitimité, c'est surtout lorsque cette bannière est plantée sur le sol d'Espagne, cette noble terre des héroïques constances.

J'ai dit quelque part dans cet ouvrage, que les Espagnols trouvèrent, pour résister aux efforts de Napoléon, toute leur force dans la répétition de ces deux mots *que importa !* *qu'importe !* et c'est vrai.

En effet, Napoléon, devant lequel tremble l'univers entier et dont le génie a vaincu les armées les plus formidables de l'Europe, entre tout-à-coup en Espagne pour l'asservir.

Sans s'émouvoir au nom redoutable du conquérant, à la vue de ses aigles et de ses vétérans partout victorieux, l'Espagne prise au dépourvu, sans soldats, sans chefs, dit froidement : *que importa* ! et se prépare à la lutte. L'armée française se répand comme un torrent par la Péninsule et balaye d'un souffle le peu de troupes qui lui sont opposées : *que importa* ! A défaut de milices, l'Espagne arme ses paysans. Sarragosse, la ville sainte, est livrée aux flammes ; Joseph l'usurpateur règne à Madrid ; *que importa*! la Vierge du Pilar n'est pas brûlée, et les guérillas sont *maîtresses* à la montagne.

L'Espagnol est d'un caractère persévérant et énergique. Sous ce rapport il n'a pas dégénéré de ses ancêtres qui, sans se lasser, employèrent tant d'années à chasser le Maure de leur belle patrie. Aussi, devons-nous toujours croire au triomphe de *Charles V* : car ce prince est surtout soutenu par le peuple, et c'est chez le peuple seulement, il faut le dire, que s'est conservé le type de l'ancien caractère national. Les classes élevées l'ont entièrement perdu au contact des idées, des coutumes étrangères. Les noms illustres des grands qui entourent le trône d'Isabelle, sont les mêmes qui étaient inscrits sur les listes de chambellans dans les antichambres de Joseph Buonaparte.

Dans ces temps malheureux, lorsque toutes les questions politiques sont chaque jour violemment tranchées par la trahison, les fidèles serviteurs et les amis de Charles V craignaient avec raison, depuis longtemps, que l'on ne cherchât dans cet infâme moyen la solution de la question d'Espagne ; surtout, quand ils voyaient la politique tortueuse et machiavélique de l'Angleterre jouer un rôle principal dans les affaires. Ce fut avec un indéfinissable sentiment de méfiance et de peine, que nous accueillîmes le décret royal qui appelait don Raphaël Maroto au commandement supérieur de l'armée. On savait confusément que ce général s'était mêlé à beaucoup d'intrigues sourdes pendant son séjour à l'étranger, et l'on n'avait pas oublié son peu de courage et de loyauté lorsque la confiance de son souverain l'avait investi de la direction de l'armée de Catalogne. Bientôt un événement sinistre (les scènes sanglantes d'Estella), vint nous effrayer et nous dessiller entièrement yeux. Maroto de sa seule autorité, sans enquête, sans jugement, fit fusiller les meilleurs et les plus anciens serviteurs du roi, sous le prétexte qu'ils étaient des traîtres. En votre ame et conscience, général Maroto, pensiez-vous qu'ils étaient des traîtres, ces hommes mutilés sur le champ de bataille, pour la cause de Charles V? la main ne vous a-t-elle pas tremblé quand vous avez signé leur arrêt de mort? dites, votre bouche n'a-t-elle pas balbutié, quand vous avez lancé cette accusation de trahison contre ce malheureux *Pablo Sans*, trois fois blessé dans nos rangs, et qui, lorsqu'il fut frappé d'un coup presque mortel dans un jour glorieux, à Artaza, réunissait encore ses forces expirantes pour se soulever et crier à son bataillon : *En avant! vive le roi!*

Vous ne vous rappeliez donc plus, général Maroto, le 11 décembre 1835, à Arrigoriaga, alors qu'au lieu d'agir avec votre division de Biscaye, vous ralentissiez le zèle à tous, en vociférant, militaire insubordonné, des plaintes injurieuses contre les dispositions du général en chef Moréno. Tandis que *Sans*, n'écoutant que la voix du devoir, passait hardiment à gué la rivière Ibaïzabal avec le 6ᶜ et le 10ᵉ de Na-

varre, et mettait en déroute l'armée d'Espar-
tero, à qui ce jour-là, par votre indécision,
vous avez sauvé la vie ou la liberté ?

Si l'assassinat d'Estella est un crime qui doit
éternellement peser sur Maroto comme homme
privé, il est un autre crime qui doit peser sur
lui comme homme politique; ce fut l'audace
avec laquelle il chercha, par d'indécentes menaces et par l'abus de l'autorité qui lui était
confiée, à faire jouer à Sa Majesté un rôle in-
digne de la royauté, en enlevant le prestige
dont elle était entourée au yeux de l'Espagne et
de l'Europe. Ce n'était pas ainsi qu'agissait le
vertueux Zumala-Carréguy, qui aimait à repor-
ter sans cesse sa gloire sur la personne du roi.

Mais je veux bien supposer que lors des actes
sanguinaires exercés à Estella, et à son inso-
lente entrevue avec son roi, Maroto n'agitait
pas encore dans son ame des pensées de trahison. Ces moyens auraient été, en vérité, trop
infâmes ! Je veux croire que le germe de la
trahison n'a été conçu depuis, que par l'inspi-
ration d'un infernal orgueil : Maroto voulait
à tout prix être quelque chose de sonore; ne
se sentant pas la force de devenir un grand
homme, il résolut d'être un grand criminel.
Toujours est-il que don Raphaël Maroto est bien

positivement, à l'heure qu'il est, un traître, qu'il a jeté scandaleusement le masque, et qu'il a entraîné dans une crise fâcheuse le parti royaliste en Espagne. Mais l'a-t-il anéanti? — Non.

Sans doute, les ressorts d'une trahison longuement élaborée, en se détendant violemment, ont donné aux événements une impulsion telle que nous n'aurions pu, en vérité, le prévoir. Honneur à notre siècle! la trahison, comme les machines que découvre l'industrie de nos jours, a atteint son point le plus élevé de perfection. Ses effets sont puissants: aussi, avons-nous vu les faits qu'elle a préparés, marcher à pas de géants.

Je ne parlerai pas ici de la catastrophe qui amena la dissolution de l'armée royale de la Navarre. Je ne m'arrêterai que sur trois faits qui semblent devoir surtout fixer notre attention : l'envoi du grand cordon de l'Ordre français de la Légion d'honneur au général Espartéro; le mouvement momentané de hausse imprimée à la rente d'Espagne; enfin le départ de Charles V pour l'exil. Ainsi, la France, puissante alliée, proteste par un acte éclatant de la sympathie pour la cause d'Isabelle; ainsi, le gouvernement de Madrid va rencontrer dans le réveil de son crédit d'immenses ressources pour achever la guerre; ainsi, l'Espagne royaliste est privée de son chef dont la main donnait de l'unité au pouvoir.

Mais ne voyez-vous pas que le parti des *exaltados* met déjà au jour ses projets de bouleversement? Peut-être la France commencera-t-elle bientôt à comprendre qu'il est de son intérêt de sacrifier aux craintes trop fondées d'un voisinage révolutionnaire, les craintes imaginaires de voir la bannière d'un Henri V flotter un jour sur les Pyrénées. Maintenant est-elle donc en effet prospère la situation d'un gouvernement qui ne peut solder quelques deniers, prix de leur sang, à quelques milliers d'auxiliaires que lui a prêtés une alliée qu'elle doit avant tout ménager? Ne nous croirez-vous pas de préférence, nous qui, mieux que les agioteurs de la bourse, connaissons, avons vu de près le génie, les besoins, la situation vraie de l'Espagne, lorsque nous vous assurons que ce réveil apparent du crédit financier ne peut être que la lueur éphémère d'une lampe qui, avant de s'éteindre tout-à-fait, semble un instant se ranimer? Le gouvernement révolutionnaire de Madrid est piqué au cœur, comme ces fruits qui, beaux à l'œil, tombent avant leur maturité, rongés par le ver mortel qu'ils recèlent dès leur naissance.

Enfin, dites, pour quoi pensez-vous que nous nous sommes battus, nous autres royalistes, en Espagne? pour faire trôner à Madrid la personne de don Carlos? non, mais bien le principe qu'il représente du reste si noblement. Or, qu'il soit dans une cité française, ou une cité espagnole, Charles V est toujours en quelque sorte au milieu des siens. Il ne manquera donc plus qu'un homme de caractère et de foi, comme Zumala-Carréguy, pour représenter la personne du prince, enthousiasmer les courages, commander aux ambitions et réunir dans une seule main la direction des mille détails des affaires! Dans des temps de révolutions et dans un pays vierge comme l'Espagne, ces hommes-là surgissent à chaque instant. Aussi s'en est-il déjà trouvé un, *Cabrera*.

Il est inutile, je crois, de donner des détails connus de tous sur la vie de ce chef illustre dont le nom appartient déjà à l'histoire; de cet homme que l'on appeloit naguère *l'écolier de Tortosa*, et que l'on appelle maintenant le comté de Morella; de ce général qui dirigeait, il y a peu de temps encore, une bande de cinq cents guerilleros, et se trouve aujourd'hui, à l'âge de vingt-cinq ans, à la tête d'une armée formidable, organisée par son génie.

Au reste, ses ennemis eux-mêmes se sont chargés du soin de sa gloire, en laissant voir combien ils le craignent, et en nous étourdissant chaque jour des vœux qu'ils font pour sa mort... Mais Cabrera n'est pas mort, entendez-vous, et à l'heure que je trace ces lignes, il a recommencé la lutte sanglante. Reportons nos yeux de la Navarre sur l'Aragon, ce nouveau théâtre de la guerre.

Espartéro s'avance avec soixante mille hommes pour envahir la terre fidèle où s'est réfugié l'étendard de Charles V. Il a pour lui la supériorité numérique des forces, une nombreuse artillerie, un beau matériel de guerre. Mais Cabrera l'attend de pied ferme à la tête de vingt-cinq mille volontaires, arragonais au caractère farouche et orgueilleux, hommes du peuple, au courage fanatique et brûlant, enfants des anciens défenseurs de Sarragosse.

Cabrera est jeune (la fortune est pour les jeunes gens); Espartéro traîne un corps usé par l'âge et les fatigues. Cabrera est actif; Espartéro met dans les opérations une lenteur, une indécision devenues proverbiales. Cabrera

n'a qu'une pensée, de combattre, de mourir
au lieux qu'il va défendre; Espartéro, préoccupé
au milieu même de l'action, prête en arrière
l'oreille aux bruits politiques qui viennent
de Madrid. L'un ne pense qu'à la gloire, l'autre
qu'à l'ambition.

Les lieutenants de Cabrera sont ses amis,
ses seides, les lieutenants d'Espartéro voient
d'un œil jaloux l'élévation de leur chef. Les
soldats de Cabrera se battent pour des principes, des croyances; ceux d'Espartéro font la
guerre parce que la conscription s'est emparé
d'eux.

Enfin, l'Europe, qui nous a fait tant de
mal par son intervention dans les affaires de la
Navarre, dédaigne maintenant l'Espagne et jette
ses regards sur l'Orient.

En vérité, ne pouvons-nous donc avec raison
concevoir quelques espérances de succès!

Allons, comte de Morella, prenez votre redoutable épée et jetez-la dans la balance des destinées de votre patrie. Montez sur votre bon cheval
de bataille, comte de Morella, montrez-vous à
vos fidèles compagnons, qui ont versé tant de
larmes, adressé tant de prières au ciel lorsque
l'on craignait pour vos jours! Montrez-vous à
vos bataillons, pour que leurs cris de joie al-

lant porter dans les airs, jusqu'au camp ennemi, le nom redouté de *Cabrera*, répandent, même avant le combat, la confusion et la terreur.

Et puis après, comte de Morella, faites-vous voir terrible et vengeur, aux yeux épouvantés des meurtriers de votre innocente mère.

Donnez le signal des batailles, et allez dans la mélée arracher à Espartéro son titre fastueux de duc de la victoire. Qu'il apprenne, cet homme, que ce titre ne se donne que par la gloire et non par un parchemin avec la signature d'un roi.

Mais si, malgré les efforts de votre courage, de votre génie, vous deviez succomber sous le nombre; si décidément il suffit qu'une cause soit bonne pour qu'elle se perde; si nous devons peu à peu voir s'accomplir cette prophétie : *Les rois s'en vont*, alors, après avoir fait jusqu'au bout votre devoir, vous viendriez hardiment frapper au seuil de la France, en disant : je suis Cabrera. Soudain vous verriez les sentinelles qui veillent à nos frontières, rendre des honneurs à ce nom si connu; vous verriez les hommes de tous les partis, se découvrir avec respect ou vous tendre la main. Chacun vous regarderait avec admiration en disant : *C'est lui!...* car, dans notre France, ce qu'on aime avant tout, c'est le courage et l'honneur.

Eh! qui, plus que vous, Cabrera, pourrait dire avec fierté :

Tout est perdu fors l'honneur!

TABLE DES MATIÈRES.

ERRATA.

Page 13, lig. 17, au lieu de *quelques châteaux*, lisez : *quelque château.*

Pag. 25, lig. 21, au lieu de *Bruna*, lisez : *Bruno.*

Pag. 32, lig. 23, au lieu de *régiments de cavalerie , ennemis* , lisez : *régiments de cavalerie ennemis.*

Pag. 37, lig. 20, au lieu de *succède*, lisez : *succéda.* — En même pag., lig. 25 , au lieu de *seui*, lisez : *seuil.*

Pag. 47, dernière ligne, au lieu de *le roi* , lisez : *ce roi.*

Pag. 86. lig. 10, au lieu de *qu'a tissus* : lizez *qu'a tissu.*

Pag. 96, lig. 11, au lieu de *Teyna* , lisez : *Reyna.*

Pag. 97, lig. 6, au lieu de *portait*, lisez : *portaient.*

Pag. 100, lig. 19, au lieu de *les temples espagnols le portail*, lisez : *les temples espagnols. Le* etc.

Pag. 120, lig. 5, au lieu de *baisser le pont*, lisez : *lever* etc.

Pag. 150, lig. 20, au lieu de *il regarde*, lisez : *ils regardent.*